Jean Pütz • Monika Kirschner

Mediterrane Lebenselixiere

**Wein • Olivenöl • Knoblauch • Tomaten
Kefir • Aloe Vera**

Rowohlt Taschenbuch Verlag

Die Vorschläge und Rezepte in diesem Buch sind von Autoren und Verlag nach bestem Wissen und Gewissen sorgfältig erwogen und geprüft. Autoren und Verlag übernehmen keine Haftung für etwaige Personen-, Sach- und Vermögensschäden, die sich aus dem Gebrauch oder Mißbrauch der in diesem Buch dargestellten Informationen und Rezepte ergeben.

BILDQUELLEN

S. 7 (Abb. 1): AKG photo, Berlin; S. 7, 17: Stephan Wieland, Düsseldorf; S. 10: Voller Ernst/Stumpe, Berlin; S. 12, 16, 18, 31, 42 (Abb. 23), 44, 52, 53, 85: Monika Kirschner, Seesbach; S. 13: Städtisches Museum Simeonstift, Trier; S. 21, 56 (Abb. 31): Filmbild Fundus Robert Fischer, München; S. 22: Klinikum der Stadt Ludwigshafen am Rhein gGmbH; S. 24: Benediktinerinnenabtei St. Hildegard, Rüdesheim am Rhein; S. 27: DWI/Kaemper, Mainz; S. 42, 75: agenda/Kottmeier, Hamburg; S. 55, 58: Lichtwer Pharma AG, Kwai N, Berlin; S. 56 (Abb. 32): dpa, Frankfurt; S. 59: Bayer AG, Leverkusen; S. 76: Dr. Meixner GmbH, Stuttgart; S. 77: Ullstein, Berlin; S. 82, 83, 84: ROVI GmbH, Schlüchtern

ALLE ÜBRIGEN FOTOS
Cornelis Gollhardt, Köln/Stephan Wieland, Düsseldorf

GRAFIKEN

S. 8: Globus Infografik GmbH, Hamburg; S. 9, 18, 23, 45 (Grafik 8), 54: Designbureau Jochen Kremer/Gabi Mahler, Köln; S. 33: DWI/Scientific Design, Mainz; S. 46: Informationsgesellschaft Olivenöl, München

Veröffentlicht im Rowohlt Taschenbuch Verlag
GmbH, Reinbek bei Hamburg, Mai 2003
Lizenzausgabe mit freundlicher Genehmigung der
Egmont vgs verlagsgesellschaft, Köln
Titel der Originalausgabe: Mediterrane Lebenselixiere.
Wein. Olivenöl. Knoblauch. Tomaten. Kefir. Aloe Vera
Copyright © der Originalausgabe: 1999 vgs verlagsgesellschaft, Köln
Umschlaggestaltung any.way, Barbara Hanke (Foto: zefa)
Satz Kalle Giese Grafik, Overath
Druck Westermann Druck Zwickau
Printed in Germany
ISBN 3 499 61521 5

Inhalt

5 **Vorwort**

7 ## Mediterranes Leben

7 **Ein Mythos im wissenschaftlichen Aufwind**

10 Folgen des westlichen Lebensstils

11 **Mediterrane Lebenskunst – weit mehr als eine Diät**

11 Bewegung im Freien
12 Rhythmen der Natur bestimmen unser Leben

13 **Glück – ein erreichbarer Zustand**

14 Die Biochemie des Glücks
15 Lebenskunst

17 ## Wie Risiken zu Chancen werden

17 **Herz-Kreislauf-Krankheiten**

19 Wann wird der Blutdruck zum Bluthochdruck?

20 **Krebs**

20 Krebs kann heilbar sein
20 Man kann Krebs vorbeugen
21 Krebs und seine möglichen Ursachen
22 Wann wird Übergewicht zum Risiko?
23 Hochprozentiger Alkohol begünstigt die Entwicklung von Krebs oder „Auf die Dosis kommt es an"
25 Krebs und Ernährung

27 ## Lebensfreude durch maßvollen Genuß: Wein

27 **Gesunde Arznei seit Jahrtausenden, aber kein Medikament**

30 Drei Rezepte für klassische mediterrane Kräuterweine
32 In Vino Sanitas – Im Wein liegt Gesundheit

32 **Die Inhaltsstoffe des Weins**

33 Das Geheimnis des gesunden Weins: die Polyphenole

34 **Nicht nur Rotwein, auch Weißwein ist gesund**

35 Die richtige Dosis
35 Wein und Herz
36 Wein und Verdauung

36 **Delikate Rezepte mit Wein**

36 Basics
37 Das besondere Rezept
41 Finger Food

42 Goldene Göttergabe: Olivenöl

43 Die Macht der Fette

44 Fett – eine verkannte Substanz

44 Woran erkennt man ein gutes Olivenöl?

44 Was macht das Olivenöl so wertvoll?
45 Freie Fettsäuren als negatives Qualitätsmerkmal

47 Warum Olivenöl so gesund ist

48 Kochen mit Olivenöl

49 Basics
51 Das besondere Rezept
51 Finger Food

52 Die Knolle gegen das Altern: Knoblauch

52 Geruch und Wirksamkeit

55 Knoblauch: Fakten und Legenden

55 Vampire und Knoblauch
56 Knoblauch gegen Infektionserreger und Parasiten bei Mensch und Tier

56 Knoblauch für ein langes Leben

57 Die Zubereitung macht den Unterschied
57 Herz-Kreislauf-Erkrankungen
58 Wirkung gegen freie Radikale
58 Diabetes
58 Krebs
59 Mykosen

59 Knoblauch selber ziehen

60 Mit Knoblauch gegen Schädlinge

60 „Duftende" Rezepte mit Knoblauch

60 Basics
63 Das besondere Rezept
63 Finger Food

65 Der Apfel der Liebe – die Tomate

66 Das Geheimnis des Erfolges

67 Tomate und Krebs

68 Gesunde Küche mit der Tomate

68 Basics
71 Das besondere Rezept
74 Finger Food

75 Die Hirse des Propheten: Kefir

76 Was ist eigentlich Kefir?

77 Warum ist Kefir auch für uns interessant?

78 Kefir-Rezepte

78 Basics
79 Das besondere Rezept

82 Ein Geschenk für die Schönheit: Aloe Vera

85 Die Apotheke auf der Fensterbank

86 Rezepte mit Aloe Vera

87 Frusip's – Erfolgsschlager der Hobbythek
88 Kosmetische Rezepte
89 Die Kosmetik-Wirkstoffe der Hobbythek

91 Register

92 Bezugsquellenverzeichnis

Liebe Leserinnen und Leser,

wenn dieses Buch erscheint, wird die Hobbythek 25 Jahre alt. Sie ist damit neben der „Tagesschau" und der „Sendung mit der Maus" eine der langlebigsten Sendungen des deutschen Fernsehens. Sie können mir glauben, daß dieses Ereignis sehr widersprüchliche Gefühle bei mir auslöst. Sind wir, das Hobbythek-Team und ich, jetzt alt geworden? Oder sind wir jung geblieben und Experten für das geworden, was man „dauerhaft" nennt? Glaubt man der Zuschauerforschung, dann trifft das letztere zu. Tatsächlich gab es noch nie so viele junge Hobbythek-Fans wie heute, und die „Alten" sind geblieben. Die Hobbythek ist nach dem ersten Vierteljahrhundert ihrer Existenz höchst lebendig und erfolgreich. Das macht uns sehr stolz, aber auch nachdenklich.

Worin liegt eigentlich das Geheimnis der Hobbythek, das sie so „gesund und langlebig" macht? Ich denke, es ist ihre Philosophie, die sich in all den Jahren immer deutlicher herauskristallisiert hat. Sie war im Kern von Anfang an vorhanden und ist sozusagen mitgewachsen. Heute weiß ich besser denn je, was sich an unserem Konzept ausgezahlt hat. Dazu gehört in erster Linie, daß es uns noch nie um den kurzfristigen Erfolg, um die schnelle Sensation, um ein Wunderrezept oder ähnliches gegangen ist. Wir haben uns auch nie mit reinen Bastelanleitungen zufriedengegeben. In jeder Sendung – und besonders auch in den Büchern – haben wir Ihnen, liebe Leserinnen und Leser, immer eine Menge Theorie und Hintergrundwissen zugemutet. Dem Motto „Man liebt nur, was man kennt" würde ich hinzufügen „… und was man auch versteht". Damit wenden wir uns ausdrücklich gegen die verbreitete Meinung, Leser und Zuschauer wollten es in erster Linie bequem haben. Die Hobbythek-Zuschauer jedenfalls möchten es immer etwas genauer wissen, und ich denke, wir alle sind gut damit gefahren, einen Blick hinter die Kulissen zu wagen. Das Ergebnis sind viele erprobte Ideen und langlebige oder, wie man heute sagen würde, „nachhaltige" Produkte, die man immer wieder genießen kann.

Langlebigkeit ist in unserer „Ex-und-Hopp-Epoche" eine der größten Herausforderungen und ein echtes Qualitätskriterium. Und das gilt nicht nur für unsere Bücher und Sendungen, sondern auch für uns selbst. Wir widmen uns deshalb mit diesem Buch wiederum der großen Herausforderung „Länger leben, besser leben". Nach dem Erfolg der „Lebenselixiere aus Fernost" sind diesmal die Geheimnisse der mediterranen Lebenskunst unser Thema.

Besonders wir Deutschen sind fasziniert vom südlichen Leben und der Kultur rund ums Mittelmeer. Die ersten Zeugnisse dieser Vorliebe finden sich bereits in den Hügelgräbern unserer keltischen Vorfahren aus dem 5. bis 4. Jh. v. Chr. Die keltische Oberschicht lernte damals die aufblühende griechisch-etruskische Mittelmeerwelt kennen und wurde nachhaltig von ihr geprägt. In den reichen Gräbern des Keltenstamms der Treverer tauchten schon damals Luxuswaren aus Italien auf, z. B. bronzenes Tafelgeschirr für festliche Gelage im südländischen Stil. Das ist heute nicht anders. Kein schickes Einrichtungshaus ohne italienische Deko-Elemente, kein Dorf ohne die obligatorische Pizzeria, kein Haushalt ohne Spaghetti in der Vorratskammer.

Die Romanisierung der Deutschen hat früh begonnen und erlebt immer neue Schübe.

Der Einfluß der Mittelmeerkultur auf unser Leben ist nur noch vergleichbar mit der weltweit tonangebenden Amerikanisierung. Nur ist mir persönlich das südliche Vorbild lieber.

Ich suche mein sommerliches Glück seit Jahren auf der Mittelmeerinsel Ibiza und werde ihr auch in Zukunft treu bleiben. Mich begeistert das einfache bäuerliche Leben, das man etwas abseits vom Touristenrummel auch heute noch auf Ibiza finden kann, und natürlich die Sonne, die frische Brise vom Meer und das Wasser. Ich habe immer wieder den Eindruck, daß den Einwohnern von Ibiza das Leben besser gelingt als vielen von uns. Ich weiß nicht, ob das stimmt oder ob ich nur meinem Wunschbild von einem guten Leben erlegen bin.

Tatsache ist, daß in vielen südlichen Ländern familiäres Zusammenleben und gemeinsames Essen noch alltägliche Praxis sind; häusliche Lebensformen, die sich weltweit auf dem Rückzug befinden. Seit Jahrzehnten belegen immer wieder auch wissenschaftliche Studien: In den Mittelmeerländern lebt es sich nicht nur besser, die Menschen sind auch noch gesünder; sie erleiden deutlich seltener einen Herzinfarkt, und es gibt weniger Krebskranke. Die Franzosen glauben, es liegt am Rotwein – an ihrem französischen natürlich –, die Griechen auf Kreta glauben an ihr Olivenöl, und die Süditaliener können sich kaum ein Gericht ohne ihre Tomaten vorstellen. Doch das alles sind für sich allein genommen keine Wundermittel gegen Herzinfarkt und Krebs.

Es geht uns also um etwas anderes als eine neue „Mittelmeerdiät". Mediterranes Leben bedeutet mehr.

Wer jemals länger Urlaub im Mittelmeerraum gemacht hat und seine Zeit nicht nur bei Vollpension im Hotel zugebracht hat, der weiß, daß sich das alltägliche Leben in diesen Ländern teilweise noch erheblich von unserem unterscheidet. Doch es sind nicht nur andere Eßgewohnheiten, die den südlichen Lebensstil ausmachen. Wir wissen heute, daß auch andere Dinge wie Bewegung, Licht und Luft, ein Leben im Einklang mit den Tages- und Jahreszeiten eine große Rolle für ein gesundes Leben und bei der Vorbeugung von Krankheiten spielen. Erst, wenn sich alles gut zusammenfügt, kommt das dabei heraus, was wir ein gelungenes Leben nennen – oder auch Lebenskunst. Kaum etwas wird – meiner Meinung nach zu Recht – so wichtig genommen wie die Gesundheit. In diesem Buch haben wir deshalb versucht, über all den vielen guten Rezepten die Lebenskunst nicht zu vergessen, die Kunst, das aktive Leben zu verlängern und es zu genießen.

Wir haben in dem vorliegenden Buch „Mediterrane Lebenselixiere" die wichtigsten Erkenntnisse der modernen Präventionsforschung, altes Erfahrungswissen unserer europäischen Kultur und meine ganz persönlichen Einblicke aus einem Vierteljahrhundert Wissenschaftsjournalismus zusammengetragen. Daraus ist, wie ich finde, ein höchst hilfreicher Leitfaden über die mediterrane Kunst, gut zu leben, entstanden.

Dabei richtet sich unser Hauptaugenmerk natürlich auf eine gesunde und wohlschmeckende Ernährung. Mit Erschrecken las ich vor kurzem, daß in Deutschland nur noch in jedem fünften Haushalt regelmäßig gekocht wird. Wir haben uns Gedanken darüber gemacht, wie man auch unter modernen Lebensbedingungen die Freude am täglichen Kochen erneuern kann. Ich weiß aus meinem eigenen termingeplagten Alltag, daß es möglich ist, den eigenen Herd trotzdem „warm zu halten" – nämlich mit einer klugen Vorratshaltung, bei der sich die Hobbythek-Zutaten sehr bewährt haben, und einem Repertoire an leckeren und schnellen Basisrezepten. Deshalb haben wir in diesem Buch solche einfachen Grundrezepte der mediterranen Küche unter dem Begriff „Basics" zusammengestellt.

Ich wünsche mir, daß die Hobbythek einen Beitrag dazu leistet, daß das regelmäßige Kochen und gemeinsame Mahlzeiten auch in Deutschland Teil des Alltags bleiben. Wir brauchen nicht noch mehr komplizierte Anleitungen für ehrgeizige Einladungen; wichtig sind die einfachen, realistischen Rezepte, die nicht viel mehr Zeit in Anspruch nehmen als das Aufwärmen des entsprechenden Fertiggerichts.

Antonie Ullrich, frankophile Köchin und erfahrene Hausfrau und Mutter aus Waldfriede im südlichen Soonwald, und die Studenten der Hobbythek-Küche, besonders die junge Ernährungswissenschaftlerin Anuschka Afchar, sind wieder einmal die Garantie für die absolute Praxistauglichkeit unserer Vorschläge. Ihnen vielen Dank.

Holen wir uns den Süden nach Hause! Ich wünsche Ihnen eine lustvolle Lektüre!

Ihr

Jean Pütz

Mediterranes Leben

„Der Sinn der Wissenschaft ist ein glückliches Leben."
(Al-Gazzali 1059 – 1111)

Ein Mythos im wissenschaftlichen Aufwind

Die „Mittelmeerdiät" ist im wahrsten Sinne des Wortes „in aller Munde". Sie lockt mit einem Versprechen, das an das Paradies erinnert: Genuß ohne Reue, alle Freuden dieser Erde und dazu ein langes Leben. Was wir alle schon immer zu wissen glaubten, nämlich daß „der Süden" das bessere Leben bietet, ist tatsächlich in mehreren modernen Studien bestätigt worden.
Die erste wurde 1948 im Auftrag der griechischen Regierung von der bekannten Rockefeller-Stiftung durchgeführt. Als Grundlage für Entwicklungshilfemaßnahmen auf der Insel Kreta sollte die wirtschaftliche und soziale Situation der Inselbevölkerung erfaßt werden. Neben vielen Daten und Fakten brachte die Studie vor allem ein überraschendes Ergebnis: Die Menschen auf Kreta hatten eine überdurchschnittlich hohe Lebenserwartung und litten nur äußerst selten unter Erkrankungen der Herzkranzgefäße. Damit war das Interesse an dem Geheimnis der gesunden Kreter geweckt. Studie auf Studie folgte. Sie alle fokussierten die Ernährungsgewohnheiten der Menschen, mußte man doch davon ausgehen, daß in erster Linie die Ernährung zu dem gesunden langen Leben auf Kreta führt. Noch in den fünfziger und sechziger Jahren ernährten sich die Kreter in erster Linie von Getreide, meist in Form von Brot, außerdem von Gemüse, Obst, Kartoffeln und Nüssen. Das Fleisch kam von Schafen, Ziegen und Hühnern, gehörte aber nicht zum täglichen Essen. Wohl aber Fisch bei den Küstenbewohnern. Als Fett verwendeten die Inselbewohner nahezu ausschließlich Olivenöl. Sie deckten fast 40 % ihres Kalorienbedarfs allein mit Olivenöl, nur 12 % mit Eiweißprodukten und den Rest mit Kohlenhydraten aus Getreide, Gemüse und Früchten.
1952 starteten die amerikanischen Forscher Ancel und Margaret Keys mit einer großen Gruppe von Wissenschaftlern die heute vielzitierte „Sieben-Länder-Studie". Diese gründliche Studie verglich das Ernährungsverhalten im ehemaligen Jugoslawien, in den Niederlanden, Finn-

Abb. 1: Gemüse und Früchte prägen die Jahreszeiten.

land, den USA, Japan, Italien und Griechenland über 30 (!) Jahre miteinander. In diesem Zeitraum wurde anhand von Protokollen genau erfaßt, was die Teilnehmer der Untersuchung in den genannten Ländern täglich aßen, wie ihr Gesundheitszustand war und an welchen Krankheiten sie litten. Das Ergebnis sorgte für weiteren Rummel um die Ernährung im Mittelmeerraum, denn es besagte, daß die Ernährungsweise in Griechenland und Süditalien Herz-Kreislauf-Erkrankungen vorbeugt und die Lebenserwartung insgesamt erhöht.

Auch Prof. Serge Renaud vom National Institute of Health and Medical Research (INSERM) im französischen Lyon wollte dem „Wunder von Kreta" auf die Spur kommen. Seine „Lyon Diet Heart Study" startete mit 600 infarktgefährdeten Patienten. Die eine Hälfte dieser Gruppe sollte sich fünf Jahre nach dem Vorbild eines traditionellen Kreters ernähren, die andere Patientengruppe sollte wie gewohnt weiteressen. Schon nach zwei Monaten machte sich bei der „Kreta-Gruppe" ein Schutzeffekt bemerkbar. Die medizinischen Werte verbesserten sich deutlich. Nach zwei Jahren waren die Unterschiede so gravierend, daß die Studie aus „ethischen" Gründen abgebrochen wurde. Die Sterblichkeit war in der „Kreta-Gruppe" um 70 % niedriger, und plötzliche Todesfälle durch Herzversagen kamen überhaupt nicht mehr vor. Prof. Renaud führte die schützende Wirkung der Kreta-Ernährung in erster Linie auf die Inhaltsstoffe des Olivenöls zurück. Damit war der Mythos von der „Mittelmeerdiät" endgültig begründet, und die weltweite Gemeinde der Gesundheits-

Grafik 1: Noch in den neunziger Jahren sind die Griechen Spitze im Gemüseessen.

fans hatte eine neue Hoffnung: die mediterrane Ernährung!

Was ist dagegen einzuwenden? Die Ergebnisse dieser Studien aus den fünfziger und sechziger Jahren sind seriös, und es gibt keinen Grund, sie in Zweifel zu ziehen. Das Problem liegt in der Interpretation der Daten: Es wurde festgestellt, daß die Bewohner Kretas eine hohe Lebenserwartung haben. Und es wurde festgestellt, was die Kreter essen. Aus diesen beiden zunächst voneinander unabhängigen Beobachtungen folgerte man: „Die Bewohner Kretas haben dank ihrer besonderen Ernährung eine hohe Lebenserwartung." Doch die Ernährung ist nur ein Teil der Wahrheit, denn Gesundheit und ein langes Leben ergeben sich aus dem Zusammenspiel der gesamten Lebensumstände. Essen und Trinken sind ein entscheidender Faktor – aber eben nicht alles.

Leider ist auch die sogenannte „Mittelmeerdiät" in manchen Punkten ein Mißverständnis moderner Kommunikation, die oft nur noch im Schlagzeilenstil daherkommt. Das fängt schon mit dem Namen an. Der Begriff „Mittelmeerdiät" ist eine schlechte Übersetzung des englischen Wortes „diet", das wörtlich genommen allgemein „Ernährung" oder auch „Ernährungsstil" bedeutet, während das deutsche Wort „Diät" eine eng umschriebene Anleitung zum Verzehr bestimmter Nährstoffe darstellt. Dies ist deshalb kein Buch über eine wie auch immer geartete neue „Mittelmeerdiät", sondern ein Buch über mediterrane Lebenskunst und ihre unstrittigen positiven Auswirkungen auf Wohlgefühl, Gesundheit und ein langes Leben. Vergessen Sie also das Wort „Mittelmeerdiät" und lassen Sie sich statt dessen auf den Versuch ein, den Ursachen für ein gesundes und langes Leben möglichst nahe zu kommen.

Was ist also „dran" am guten Leben rund ums Mittelmeer? Was ist so unterschiedlichen Ländern und Kulturen wie Frankreich, Italien, Spanien, Griechenland und der Türkei gemeinsam, wenn schon beim Essen die Unterschiede gravierend sind?

In Spanien gibt es traditionell- dank Kolumbus – vorwiegend Kartoffeln und auch Reis als Beilage. In Süditalien übernehmen die Nudeln, die Marco Polo übrigens aus China mitbrachte, diese Rolle, in der Türkei der Reis und in Griechenland sind es Brot, Nudeln, Reis und Kartoffeln. Die Franzosen lieben ihr gutes Weißbrot und Kartoffeln. Diese Liste der verschiedenen Vorlieben ließe sich beliebig verlängern.

Doch es gibt auch auffällige Gemeinsamkeiten: In all diesen Ländern werden die Speisen bevorzugt mit qualitativ hochwertigem Olivenöl zubereitet. Heimisches Obst und Gemüse kommt in erster Linie vom Markt und aus dem eigenen Garten und entspricht der Jahreszeit. Fleisch gehört nicht zum täglichen Speiseplan, dafür gibt es – zumindest in den küstennahen Regionen – regelmäßig Fisch. Alle Gerichte werden reichlich mit frischen Kräutern gewürzt. Und – außer in der Türkei – wird zum Essen Wein und Wasser getrunken.

In diesem Zusammenhang muß man sich aber immer wieder ins Gedächtnis rufen, daß die sensationellen Ergebnisse der Studien in den fünfziger, sechziger und siebziger Jahren entstanden sind. Vor zwanzig Jahren herrschten in den untersuchten Ländern meist noch traditionelle Lebensformen vor. Die heutige Situation auf Kreta und auch in Süditalien ist mit der damaligen nur noch bedingt vergleichbar, denn im Untersuchungszeitraum entwickelte sich die Erwerbsarbeit für Männer und Frauen fern von zu Hause, Fernsehgeräte und Autos setzten sich allgemein durch und der Massentourismus in diese Länder kam auf. Die Folgen dieser Entwicklungen auf die Gesundheit zeigen sich zeitversetzt etwa zwanzig Jahre später. Heute würde dieselbe Studie auf Kreta wahrscheinlich ganz andere Ergebnisse zeigen.

Wie Prof. Antonis Kafatos, Leiter der Abteilung Präventivmedizin der Universität von Kreta, feststellte, sind schon heute die Kinder auf Kreta mit hohen Blutfettwerten belastet. Herzinfarkte, Diabetes und Krebserkrankungen haben nach seinen Worten „epidemische Ausmaße" angenommen. Während in den Hotels die „gesunde Kreta-Diät" auf dem Buffet liegt, möchten die Jugendlichen des Landes am „westlichen" Lebensstil teilhaben; und das bedeutet Chips und Hamburger, Würstchen, Schokoriegel und Cola, Motorrad- und Autofahren und natürlich auch Fernsehen. Nun kann man die Uhr nicht zurückdrehen, und niemand wird die jungen Kreter ernsthaft wieder als Hirten in die Berge schicken, aber es lohnt sich, die Umstände ihrer traditionellen Lebensweise einmal unter die Lupe zu nehmen, denn sie allein ist schließlich verantwortlich für die Ergebnisse der Studien aus der Nachkriegszeit. Dieser umfassende Ansatz bringt wahrscheinlich einen größeren Erkenntnisgewinn als die Diskussion um einzelne mehr oder weniger gesättigte Fettsäuren.

Bleiben wir einmal bei Kreta, einer Insel, die in vieler Hinsicht für den gesamten Mittelmeerraum typisch ist. Die meisten Männer auf Kreta arbeiteten zum Zeitraum der Studien körperlich hart als Bauern, Hirten oder Fischer. Sie liefen täglich

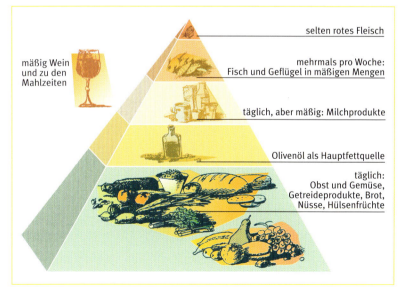

Grafik 2: Die Ernährungspyramide zur sogenannten Mittelmeerdiät.

viele Kilometer zu Fuß. Auch die Frauen verrichteten anstrengende Tätigkeiten auf dem Feld, im Garten und im Haushalt. Viele dieser Tätigkeiten fanden im Freien statt. Das Zentrum des Lebens war die Familie mit der traditionellen Rollenverteilung. Auch heute noch finden sich die tradierten Lebensformen in Dörfern, teilweise durchsetzt von vielfältigen Übergangsformen zum „westlichen" Lebensstil: der Fernseher läuft neben dem Holzofen, junge Frauen füllen selbst eingekochtes Tomatenmus in Cola-Flaschen.

Versucht man, den traditionellen mediterranen Lebensstil der Nachkriegsjahre zu beschreiben, kommt man an Klischees nicht vorbei, die aber helfen, die Unterschiede gegenüber heute zu kennzeichnen: Im traditionellen Familienverband gibt es eine klare Rollenverteilung. Die Frauen kochen täglich mit den Früchten des eigenen Anbaus. Wenn die Männer nach Hause kommen, steht das Essen auf dem Tisch: einfache Gerichte mit reichlich Olivenöl zubereitet. Immer sind Kräuter dabei und oft auch Wildgemüse. Als „Dessert" gibt es Joghurt mit Honig oder Früchte. Oft besteht das Essen auch „nur" aus duftendem selbstgebackenen Brot, das einfach in Olivenöl getaucht wird. Eine Flasche einfacher Landwein steht meistens dabei, die aber nach dem Essen wieder weggeräumt wird.

Die gemeinsamen Mahlzeiten der Familie kennzeichnen feste Rhythmen und sind der Höhepunkt des Tages. Das Essen ist der Inbegriff von Genuß und Lebensfreude und damit weit mehr als die notwendige Zufuhr von Kalorien. In den Mittelmeerländern gehört ein einfaches Mittagessen zum täglichen Ritual, dem meistens noch eine kurze Siesta folgt. Das Leben orientiert sich an den Tages- und Jahreszeiten, wobei das Licht der Sonne der natürliche Taktgeber ist. Eine große Rolle spielen im gesamten Mittelmeerraum auch die religiösen Rituale, die das Jahr gestalten. Die Wechsel von „Fasten und Feiern" sind an feste Termine gebunden und werden von allen Familienmitgliedern respektiert. Dieser regelmäßige „Vegetarismus" ist ebenfalls ein Merkmal mediterranen Lebens.

Folgen des westlichen Lebensstils

Der sogenannte „westliche", letztlich amerikanische Lebensstil wird weltweit kopiert und dringt – nicht zuletzt durch die zahlreichen TV-Serien – bis in den letzten Winkel der Erde vor. Immer mehr Menschen leben in stadtähnlichen Ballungsräumen. Der Wechsel vom Land in die Stadt verändert die Belastungen und damit die Krankheitsbilder. Krankheiten, die durch mangelnde ärztliche Versorgung und Hygiene verursacht werden, nehmen eher ab, während die schwer behandelbaren chronischen Leiden

Abb. 2: Trotz des im Vergleich zu anderen Ländern sehr niedrigen Fettverzehrs hat es noch nie so viele übergewichtige Amerikaner gegeben.

zunehmen. Dazu gehören vor allem Bluthochdruck, Herzinfarkt, Darm- und Brustkrebs, Allergien sowie Diabetes mellitus. Überall dort, wo die Verstädterung zunimmt und der Wohlstand wächst, gibt es mehr dieser sogenannten Zivilisationsleiden. Bisher hat man angenommen, daß dafür allein die veränderten Ernährungsgewohnheiten verantwortlich sind – das typische Wohlstandsessen: zu fett, zu süß zu alkoholreich und zu viel von allem.

Also haben wir alle jahrelang versucht, weniger fett, weniger süß und vor allem insgesamt weniger zu essen. Doch was ist dabei herausgekommen? Das beste Beispiel sind die USA, das Land der Ernährungsberater, Vitamintabletten und Diäten. Die Staaten haben inzwischen die höchste Krebsrate der Welt. Es hat noch nie so viele absurd dicke Amerikaner gegeben wie heute, die sich von einer Diät zur nächsten hangeln und dabei immer noch dicker werden. Auch in Deutschland steigt der Anteil an krankhaft übergewichtigen Menschen an. Wir wissen heute, daß eine streng fettarme Diät eher schädlich als nützlich ist, da es ohne Fett im Körper zu Stoffwechselstörungen und Mangelerscheinungen kommt (siehe *Seite 44*). Den süßen Geschmack holen wir uns mit Ersatzstoffen für Zucker ins Essen, deren Langzeitnebenwirkungen noch unbekannt sind. All die drastischen Manipulationen an der Ernährung haben die chronischen Leiden nicht zurückgedrängt. Wahrscheinlich sind unsere althergebrachten Eßgewohnheiten im großen und ganzen besser als ihr Ruf. Es gibt einige Hinweise darauf, daß die vielgerühmte Anpassungsfähigkeit des menschlichen Organismus vielleicht doch an ihre Grenzen gestoßen ist. Wir haben zuviel in zu kurzer Zeit verändert. Innerhalb weniger Generationen haben wir uns von den Rhythmen der Natur abgekoppelt. Was wir zunächst als Befreiung von unnötigen Zwängen empfinden, ist für den Körper offensichtlich nicht so leicht zu verkraften.

Wir haben uns weitgehend verabschiedet von:

❍ harter körperlicher Arbeit, sie ist heute die absolute Ausnahme.
❍ Tages- und Nachtzeiten. Gearbeitet und geschlafen wird rund um die Uhr, je nach Bedarf.
❍ den Jahreszeiten und ihren Früchten. Wir essen Erdbeeren zu Weihnachten und Äpfel zu Ostern.
❍ den Temperaturen. Wir leben in geheizten oder sogar klimatisierten Räumen mit derselben Temperatur im ganzen Jahr.
❍ natürlichem Licht. Kunstlicht macht uns die Nacht zum Tag. Wir erleben im Vergleich zu unseren Vorfahren viel weniger Tageslicht, trotz teilweise extremer und krebsgefährdender Sonnenbäder.
❍ der Zeit. Wir fliegen rund um die Welt und stellen unsere Uhren vor und nach. Der Körper soll folgen.
❍ festen Gewohnheiten und Ritualen.

Die Liste sieht für jeden anders aus, doch wir haben alle Teil an dieser Entwicklung. Einerseits sind wir sehr froh über die neuen Möglichkeiten, denn sie bedeuten eine nie gekannte Beweglichkeit. Doch wissen wir eigentlich, was sie für unseren Organismus bedeuten?

Mediterrane Lebenskunst – weit mehr als eine Diät

Wir verstehen heute besser, daß alle eindimensionalen Erklärungsmodelle bei einem so komplexen Vorgang wie „der Gesundheit" des Organismus nicht ausreichen. Gesundheit ist kein fester Zustand, sondern ein Prozeß. Gesundheit muß in jedem Moment wiederhergestellt werden. Die Weltgesundheitsorganisation (WHO) definiert „Gesundheit" entsprechend „als Zustand völligen körperlichen, geistigen, seelischen und sozialen Wohlbefindens". Dieses bewußt erweiterte Verständnis von dem, was man unter „Gesundheit" versteht, schließt ausdrücklich die gesamten Lebensumstände eines Menschen ein. Gesundheit ist demnach viel mehr als die bloße Abwesenheit von Krankheit.

Bewegung im Freien

„Wer sich bewegt, bleibt gesund und lebt länger." Studien haben ergeben, daß Menschen, die sich regelmäßig an der frischen Luft bewegen, über eine weit günstigere Stoffwechselsituation verfügen als solche, die ihre Freizeit auf der Couch verbringen. Leichte und regelmäßige körperliche Aktivität wirkt wie ein Stimulans auf den gesamten Stoffwechsel. Trainierte Muskeln sorgen für einen effektiven Fett- und Zuckerstoffwechsel, die Zuckerverwertung verbessert sich, und der Insulinspiegel sinkt.

In Maßen betriebener Ausdauersport wie Laufen, Radfahren und Schwimmen unterstützt die Funktionen des Immunsystems. Inzwischen belegen einige der aussagekräftigen Studien, die Probanden über einen längeren Zeitraum beobachten, eindeutig, daß körperlich aktive Menschen länger leben – und zwar relativ unabhängig vom Körpergewicht. Man muß also nicht abnehmen, um gesünder und länger zu leben, es sei denn, man ist wirklich behandlungsbedürftig dick (siehe Seite 22 f.). Auch Studien über Kurerfolge haben gezeigt, daß alle Kuranwendungen, bei denen die Patienten selber körperlich aktiv werden müssen, die Immunwerte deutlich verbessern; eher passive Therapieformen wie Massagen, Bäder und Packungen sind sehr beliebt, aber in der Beeinflussung des Immunsystems sind sie den eigenen Anstrengungen unterlegen.

Einiges deutet darauf hin, daß besonders der Sport im Freien und vor allem bei Tageslicht die positiven Effekte hervorruft, denn Tageslicht wirkt direkt auf die hormonellen Regelmechanismen im Gehirn ein und von hier aus auf den gesamten Stoffwechsel. Sinkt die körperliche Aktivität unter einen Schwellenwert, ißt man mehr und das Körpergewicht steigt. Bewegungsmangel führt zu Hungergefühl und vermehrtem Essen.

Abb. 3: Menschen, die sich regelmäßig an frischer Luft bewegen, verfügen über eine weitaus günstigere Stoffwechselsituation als die sogenannten Couch-Potatoes.

Das ist der Einstieg in den Teufelskreis von Wohlstand, Bequemlichkeit, Bewegungsmangel, schlechter Laune, Hunger auf Süßes, Krankheiten... Daraus habe ich für mich, Jean Pütz, den Schluß gezogen, mindestens dreimal in der Woche ca. eine Stunde radzufahren, wenn das Wetter es erlaubt. Bei schlechtem Wetter trainiere ich zu Hause auf meinem Heimtrainer. Seit 15 Jahren verdanke ich dieser Tatsache meine gute Gesundheit und habe dem Alter ein Schnippchen geschlagen.

Doch Achtung: Übertriebener Leistungssport kann sich negativ auswirken und das Immunsystem schwächen.

Rhythmen der Natur bestimmen unser Leben

Das Leben auf der Erde wird durch zyklische Veränderungen bestimmt: Auf Tag folgt Nacht, auf Sommer Winter. Die lebenden Organismen haben sich in Jahrmillionen auf diese Rhythmen eingestellt. Ihre Körperfunktionen weisen eine Zeitabhängigkeit auf, die durch das Sonnenlicht eingetaktet ist. Licht löst zuverlässig wichtige Stoffwechselvorgänge im Körper aus. Beim Menschen liegt die biologische Uhr im Hypothalamus, einem entwicklungsgeschichtlich alten Teil des Gehirns. Diese Drüse steuert viele Hormone und liegt im hinteren Teil des Zwischenhirns. Die Existenz dieser inneren Uhr konnte durch sogenannte „Isolationsexperimente" unter Beweis gestellt werden. Selbst wenn dem menschlichen Organismus zeitliche Informationen wie Tageslicht fehlen, bleiben die biologischen Rhythmen wie Müdigkeit oder Hungergefühl eine lange Zeit im Takt. Aus diesen Erkenntnissen entwickelte sich sogar ein eigener Forschungszweig: die Chronomedizin mit Chronotherapie und Chronopharmakologie.

Die Experten betonen ausdrücklich die enge Abhängigkeit unserer Gesundheit von der inneren Uhr, während wir meinen, innerhalb weniger Generationen auf das Licht als wichtigsten äußeren Regulator der Lebensprozesse verzichten zu können.

Wir brauchen das Licht also nicht nur zum Sehen. Über das Auge gelangt es zum Hypothalamus und zur Zirbeldrüse.

Dort stimuliert es die Synthese des „Gute-Laune-Hormons" Serotonin und bremst dessen Abbau in Melatonin, das Schlafhormon. Das Licht dient so als Taktgeber für unsere innere Uhr, die alle Körperfunktionen an die Tageszeit anpaßt. Sie entscheidet, wann wir schlafen, wann der Blutdruck steigt und wann unser Sexualtrieb am stärksten ist. Lichtmangel stört die hormonellen Abläufe des Körpers. Viel Licht dagegen hebt die Stimmung, senkt den Appetit, optimiert den Stoffwechsel und die Immunabwehr und steigert die Leistungsfähigkeit.

Diese umfassenden Auswirkungen des Tageslichts wurden bisher für die Vorbeugung von vielen Wohlstandskrankheiten sträflich vernachlässigt. Wenn man die Zusammenhänge jedoch kennt, „leuchtet es" sprichwörtlich ein, wie gefährlich es ist, die Außensteuerung dieses Zentrums auf Dauer außer Gefecht zu setzen.

Menschen in Wohlstandsgesellschaften geraten „aus dem Takt". Sie halten sich nicht mehr regelmäßig im Freien auf und ignorieren die Tag/Nacht-Rhythmen. Viele Zivilisationskrankheiten zeigen ein Nord-Süd-Gefälle. Mitte der achtziger Jahre fiel amerikanischen Forschern auf, daß dort, wo häufiger und länger die Sonne scheint, weniger Menschen an Darmkrebs leiden. Außerdem: Ohne Sonnenlicht bildet sich kein Vitamin D in der Haut, der Körper muß dieses Vitamin aus einer Vorstufe mit Hilfe von Licht selber synthetisieren. Vitamin D reguliert den Calciumhaushalt und ist für ein funktionierendes Immunsystem sowie ein geregeltes Zellwachstum unentbehrlich. Es wirkt weiterhin einem zu hohen Insulin- und Glucosespiegel entgegen und beugt damit Zivilisationsleiden vor.

Jeder hat schon einmal erlebt, wie schnell sich der Aufenthalt an der frischen Luft auf die Stimmung auswirken kann. Die Laune steigt, die Lust auf Süßes schwindet, und der Hormonhaushalt wird auf das angenehmste angeregt – alles Folgen des Sonnenlichts, das den Menschen rund ums Mittelmeer in so verschwenderischer Fülle zur Verfügung steht. Licht ist sicher eines der Geheimnisse des langen und gesunden Lebens der mediterranen Bevölkerung. Auch wenn die Sonne bei uns schwächer ist: Sie scheint auch hier!

Glück – ein erreichbarer Zustand

„Ich habe mich entschieden, glücklich zu sein, das ist besser für die Gesundheit."
(François Marie Voltaire 1694 – 1778)

Was macht die Faszination des mediterranen Lebens für uns aus? Woher kommen die immer neuen Wellen der Begeisterung für ein Leben im Süden? Für uns Nordeuropäer symbolisiert der Mittelmeerraum auch heute noch das gute Leben. Wir denken an Meer, Sonne,

Abb. 4:   Traumland im Altertum: Arkadien.

aromatisches Essen in anregender Gesellschaft und guten Wein. Solche Traumbilder vom gelungenen Leben haben eine mehr als tausendjährige Tradition. Im Altertum galt Arkadien den griechischen und römischen Künstlern als Wunschland und Stätte befreiter Natürlichkeit. „Schäferstündchen" und ländliches Leben dienten schon damals als Symbole des irdischen Glücks. Die Bewohner dieser lieblichen Gefilde sind Hirten, sie galten als einfach und unwissend, aber glücklich. Arkadien existiert ganz real als armes Hirtenland im Karstgebirge des Peloponnes in Griechenland.

Auch unser modernes Arkadien findet sich auf der Landkarte; es sind die Inseln des Mittelmeers und die Länder an seinen Ufern. Fluchtpunkte aus einem als „grau" empfundenen Alltag, die Sehnsucht nach dem Paradies. Ein Traumland als Projektionsfläche für eine menschlichere Welt, in der sich das Leben im Einklang mit der Natur befindet. Das „uralte Lied von Sommer, Sonne und Süden" holt uns immer wieder ein.
Am Ende des 20. Jahrhunderts sind dem zivilisationskritischen Nordeuropäer die heitere Idylle des antik-südlichen Sehnsuchtsorts wie Arkadien so erstrebenswert und gleichzeitig so unerreichbar wie zu Dantes und Vergils Zeiten. Und auch der Jubilar Goethe träumte von dem „Land, in dem die Zitronen blühn".

Die Biochemie des Glücks

„Glück", das ist erstaunlicherweise zunächst einmal eine ganze Menge Biochemie, die in unserem Gehirn stattfindet. Wir müssen uns unser Gehirn als einen Klumpen Materie vorstellen, komplizierter aufgebaut als jede andere Substanz auf unserer Erde. Ein einziger Kubikzentimeter unseres Gehirns enthält mehrere Millionen Nervenzellen, auch Neuronen genannt, die ein Netzwerk zum Austausch von Informationen darstellen. Das Ganze ist ein so komplexes System, daß daneben jeder moderne Computer einer primitiven Axt gleicht. Zum Transport der Informationen bedient sich das Gehirn verschiedener Botenstoffe, der sogenannten Neurotransmitter. Vieles ist noch unentdeckt und noch längst nicht alle Botenstoffe des Gehirns sind identifiziert. Relativ gut erforscht sind inzwischen das Dopamin, das Serotonin und das Melatonin, die unseren Schlaf-Wach-Rhythmus, das Sexualverhalten, den Appetit und die Stimmung beeinflussen.
Das Serotonin ist einer der am besten untersuchten Botenstoffe. Es ist der „Gute-Laune"-Neurotransmitter.

HO—⌬—C—CH₂—CH₂—NH₂
         ‖
         CH
         |
         N
         |
         H   Serotonin

Ein hoher Serotoninspiegel hebt die Stimmung und die Bereitschaft für die vielen kleinen Glücksmomente, die das große Glück ausmachen. Nun ist es interessant zu erfahren, was die Biochemiker über das Serotonin herausgefunden haben. Gibt es vielleicht Verhaltensweisen oder Situationen, welche die Konzentration des Serotonins im Gehirn erhöhen?

Die Antwort bestätigt die Anhänger des mediterranen Lebens. Bewegung an frischer Luft und im natürlichen Licht der Sonne steigern den Serotoninspiegel – auch im Winter. Fehlen uns Licht und körperliche Betätigung in frischer Luft, dann sinkt der Serotoninspiegel und mit ihm die Stimmung. Doch der Körper verfügt in dieser Situation über Mechanismen, den unbefriedigenden Zustand zu beenden.
Bei Licht- und Bewegungsmangel bietet die körpereigene Biochemie einen zweischneidigen Ausweg an: Zucker. Zucker „versüßt" das Leben gleich im doppelten Sinne. Er verführt nicht nur zum Naschen, er beeinflußt auch nachhaltig die Psyche – wieder über den Serotoninspiegel. Serotonin wird jedoch nicht aus Zucker gebildet, sondern beeinflußt über einen Eiweißstoff, das Tryptophan, die Laune. Wenn wir Süßes essen, strömt Insulin ins Blut, das den Zucker im Blut reduziert. Das Tryptophan bleibt davon unberührt und kann besonders reichlich über die Blut-Hirn-Schranke ins Gehirn strömen und dort in Serotonin umgewandelt werden. Die Stimmung steigt.

Der Gegenspieler des Serotonins ist das körpereigene Hormon Melatonin, das den Schlaf-Wach-Rhythmus reguliert. Melatonin wird nur nachts ausgeschüttet. Wieviel, das hängt davon ab, wie lange es dunkel ist. So wird im Winter, wenn die Nächte lang und die Tage kurz sind, mehr Melatonin gebildet und im Sommer weniger. Wir sind zwar weit davon entfernt, die komplexen Interaktionen von Serotonin und Melatonin ganz zu verstehen, trotzdem sind Melatonintabletten inzwischen ein beliebtes Mittel gegen die unangenehmen Folgen des Jetlags. In Amerika ist Melatonin zur beliebten Droge gegen Alterungsprozesse geworden. Melatonintabletten kann man dort überall frei kaufen. Bei Versuchstieren verlängerte eine zusätzliche Dosis Melatonin das Leben um stattliche 30 %.
Wissenschaftler erklären sich diesen Effekt so: Nachts im Schlaf steigt der Melatoninspiegel, und der Körper kann sozusagen „in Ruhe" seine Zellschäden reparieren. Ist Melatonin also ein Jungbrunnen? Doch was bei Tierversuchen beobachtet wird, muß nicht auch für den Menschen gelten. Es ist riskant, mit Hormonen und hormonähnlichen Substanzen allzu sorglos umzugehen, denn man weiß noch viel zu wenig über sie. Ganz abgesehen davon, daß man über keinerlei Erfahrung mit den Langzeiteffekten von Hormontabletten verfügt. Schon jetzt ist Melatonin ins Gerede gekommen, weil es die Potenz schwächen soll. Dem zweifelhaften „Anti-Age"-Hormon Melatonin fehlt bei uns bisher die Zulassung. Wenden wir uns in dieser Situation lieber den bewährteren Konzepten der mediterranen Lebensweise zu.

Lebenskunst

„Wir stehen immer kurz davor zu leben, aber wir leben nie."
(Ralph Waldo Emerson 1803 – 1882)

Wann fühlen sich Menschen am glücklichsten? Dieser Frage widmen sich nicht nur Philosophen, sondern auch Naturwissenschaftler und Psychologen. Der Erkenntnisgewinn ist gerade in den letzten Jahrzehnten beträchtlich. Nur mit der Umsetzung in die Praxis hapert es noch. Die „Biochemie des Glücks" legt vielleicht den Gedanken nahe, alles sei eine Frage des optimalen Stoffwechsels. Solche Vorstellungen, genährt durch den Fortschritt der Neurochemie, sind zur Zeit sehr populär. Der Mensch erscheint aus Sicht mancher Wissenschaftler immer mehr wie ein durch Gene und Reiz/Reaktionsmuster gesteuertes Wesen, ohne Einfluß auf große Teile seiner vitalen Lebensäußerungen. Doch wenn wir auch zu etwa 95 Prozent dieselbe genetische Ausstattung haben wie Labormäuse, so unterscheiden wir uns doch offensichtlich ganz beträchtlich von ihnen. Und selbst von unseren nächsten Verwandten, den Menschenaffen, trennen uns Welten. Nur wir Menschen beherrschen die Kunst, das Leben als Gesamtkunstwerk zu gestalten und vorausschauend zu planen. Das wichtigste Ergebnis der neueren amerikanischen Glücksforschung bestätigt: Glück ist ein erreichbarer Zustand, den Menschen aktiv herbeiführen können – auch ohne hormonelle Manipulation. Glück ist relativ unabhängig von äußeren Bedingungen.
Der amerikanische Psychologe Mihaly Csikszentmihalyi, der wohl bekannteste Glücksforscher unserer Zeit, widmet sich seit über zwanzig Jahren dem Geheimnis der irdischen Glückseligkeiten. Er benutzt den Begriff „Flow" für die Momente intensiver Freude, die man durch die Kontrolle über das eigene Innenleben gewinnt: *„Beim optimalen Zustand innerer Erfahrung herrscht Ordnung im Bewußtsein. Dieser tritt ein, wenn psychische Energie – oder Aufmerksamkeit – für realistische Ziele verwendet wird und die Fähigkeiten den Handlungsmöglichkeiten entsprechen. Die Verfolgung eines Ziels bringt Ordnung ins Bewußtsein, weil man die Aufmerksamkeit auf die gegebene Aufgabe richten und zeitweise alles andere vergessen kann. Diese Phasen des Ringens um die Bewältigung einer Herausforderung werden allgemein als die erfreulichsten Momente des Lebens betrachtet."*

In Interviews und Studien mit Tausenden von Versuchspersonen über viele Jahre haben sich die Voraussetzungen für „Flow"-Erlebnisse klar herauskristallisiert. Danach sind Glücksmomente sozusagen die „Nebenprodukte" von großer Anstrengung (!) für ein selbstgestecktes Ziel. Nicht das Ziel selbst ist wichtig, sondern die Tatsache, daß es selbstbestimmt und realistisch ist. Wenn wir uns spontan an Glücksmomente erinnern sollen, dann fallen uns meist zunächst einmal Kindheitserinnerungen ein. Kinder erleben

Abb. 5: Kinder erleben ganz selbstverständlich „Flow-Erlebnisse", wenn sie im Spiel vollkommen eins mit sich und ihrer Umgebung sind.

ganz selbstverständlich „Flow"-Erlebnisse, wenn sie im Spiel vollkommen eins mit sich und ihrer Umgebung sind.

„Mit dem Glück ist es nicht anders als mit der Wahrheit:
man hat es nicht, sondern ist darin."
(Theodor W. Adorno 1903 – 1969)

Doch diese Erfahrungen sind natürlich nicht auf unsere Kinderzeit beschränkt. Auch als Erwachsene erleben wir Momente intensiver Freude. Wichtige Glücksmomente in unserer heutigen Zeit sind natürlich Erfolge bei der Arbeit. Das kann ich, Jean Pütz, bestätigen. In meiner Jugend habe ich immer davon geträumt, einmal eine Zeitlang nichts machen zu müssen, d. h. kein konkretes Ziel zu haben. Gott sei Dank kam ich nie dazu. Meine kurzzeitigen Ziele, z. B. eine Sendung zu realisieren oder ein Buch zu vollenden, brachten mich von diesem Gedanken ab. So genieße ich regelmäßig Erfolgserlebnisse, die meine Lust am Arbeiten – oder die Arbeit an der Lust – aufrechterhalten haben.
Auf diese Weise wurde ich nach und nach zur Lebenskunst verführt.

Es ist nicht das einmalige Glückserlebnis, das ein gelungenes Leben ausmacht, sondern es sind die vielen kleinen erfüllten Augenblicke.
Wir Nordeuropäer sehen in unseren südlichen Nachbarn Lebenskünstler und wollen es ihnen gleichtun. Doch für die Kunst des Lebens gibt es kein Rezept. Die Bedingungen für die geliebten Ausnahmezustände des Lebens sind nicht abhängig von Nord und Süd, von den Betriebsanweisungen in unseren Genen oder von der historischen Epoche. Sie finden sich ein, wenn sich Menschen einer Sache ganz widmen.
Es sind nicht die großen Ausnahmezustände, die das Leben zu einem glücklichen Leben machen. Nur wer es schafft, im täglichen Leben immer wieder die „seligen Momente" zu finden, der darf sich glücklich schätzen. Das Glück kommt in kleiner Münze, aber es kann täglich Zahltag sein. Wie Gold, das in kleinen Brocken gefunden wird, zeigt sich auch das Glück in Form von Krümeln. Das kann ein schwieriges Telefonat sein, das man endlich mit Erfolg geführt hat; oder der Blick auf einen schönen Blumenstrauß, den man sich ins Zimmer gestellt hat; ein Lächeln, ein freundlicher Gruß des Nachbarn, den man normalerweise übersieht.
All das kann Anlaß sein, die Sinne und das Herz zu öffnen und die Mundwinkel nach oben rutschen zu lassen!

Wie Risiken zu Chancen werden

Herz-Kreislauf-Krankheiten

„Herz, mein Herz , was soll das geben?
Was bedränget dich so sehr?"
(Aus dem Gedicht: „Neue Liebe, Neues Leben", Johann Wolfgang von Goethe 1749 – 1832)

Wir Deutschen sind immer um unser Herz besorgt. Wir leiden soviel unter Herzschmerzen und Kreislaufschwäche wie kein anderes Volk dieser Erde. Die amerikanische Medizinjournalistin Lynn Payer beschäftigt sich seit über 20 Jahren damit, wie unterschiedlich Patienten ihren Körper betrachten, je nachdem, in welchem Land sie leben. Auch bei den Medizinwissenschaftlern diagnostiziert Lynn Payer kulturbedingte Abhängigkeiten in den Denk- und Gefühlshaushalten – trotz weltweiter Kommunikation und enger Zusammenarbeit der „scientific community".

Besonders deutlich zeigen sich die Unterschiede bei diffusen Beschwerden wie Unwohlsein, Schwindel oder Appetitlosigkeit.
Nach ihrer Analyse neigen Engländer in dieser Situation dazu, die Ursache ihrer Beschwerden außerhalb des Körpers zu suchen, also feindliche Eindringlinge wie Viren oder Bakterien dafür verantwortlich zu machen. Wenn das nicht möglich ist, wird sozusagen als Kompromiß als nächstes ein Verdauungsproblem vermutet. Die Franzosen denken bei unklaren Krankheitsbildern zuerst an eine „crise de foie", eine Krise der Leber als Folge ihres guten Essens und Trinkens. Deutsche Patienten und Ärzte dagegen schieben die Schuld zuerst auf das Herz. Lynn Payer führt das auf das romantische Erbe der Deutschen zurück, für die „Herz" und „Schmerz" schon immer nicht nur im Reim zusammenpassen.
Nun sterben die Deutschen tatsächlich deutlich häufiger an Herzinfarkt als die Franzosen, wie die Weltgesundheitsorganisation (WHO) mit ihrer streng kontrollierten MONICA-Studie bestätigen konnte. Doch die Sorgen der Deutschen um ihr Herz sind älter als moderne Studien. Sie drehen sich weniger um Herzinfarkt und Schlaganfall, den Spitzenreitern der deutschen Todesstatistik, sondern um „den Kreislauf". Ein schwacher Kreislauf und niedriger Blutdruck werden schnell vermutet, wenn man nicht mehr so recht weiter weiß.

Niedriger Blutdruck wird in England sogar als „German disease" bezeichnet, eben weil dieser Befund in Deutschland so außerordentlich oft gestellt wird. Amerikanische Ärzte finden die Diagnose des niedrigen Blutdrucks geradezu „lachhaft", und es gilt als Behandlungsfehler, gegen niedrigen Blutdruck etwas zu unternehmen. Versicherungen in den Staaten geben ihren Mitgliedern mit niedrigem Blutdruck sogar einen Nachlaß, weil man davon

Abb. 6: Die amerikanische Medizinjournalistin Lynn Payer.

ausgeht, daß sie besonders gesund sind und lange leben. Jenseits des Atlantiks wird das Herz ganz nüchtern als eine Pumpe betrachtet. Entsprechend dieser Vorstellung gilt es als größtes Risiko, wenn die Leitungen, an die diese Pumpe angeschlossen ist, blockiert werden. Deshalb bevorzugen amerikanische Ärzte Operationen, die diese Blockierungen beseitigen.

Mit ihrer mechanistischen Vorstellung vom Herzen haben die Amerikaner gar nicht so unrecht. Viele Krankheitsbilder lassen sich in diesem Bild gut und angemessen erklären. Stellt man sich den Herzmuskel als Pumpe vor, die alle Körperzellen mit sauerstoff- und nährstoffreichem Blut versorgt, so wird schnell klar, warum nicht ein niedriger, sondern ein hoher Blutdruck das entscheidende Risiko für Schäden darstellt. Das Blut drängt so druckstark durch die Gefäße, daß das Herz schneller verschleißt, die Nieren belastet und alle anderen Organe geschädigt werden können. Die Gefäßwände werden porös, winzige Risse entstehen, an denen sich Fette ablagern. Das führt nach geraumer Zeit zu der im Volksmund als „Verkalkung" bezeichneten Arteriosklerose. Es kommt zu einer Verengung oder gar zum Verschluß von Gefäßen. Bluthochdruck schädigt Schlagadern, Herzkranzgefäße und Hirngefäße auf Dauer. Die Folgen davon sind unter anderem Herzinfarkt und Schlaganfall. Andere Risikofaktoren wie Rauchen, Übergewicht und Diabetes verstärken diese gefährliche Entwicklung.

Fast 20 Millionen Männer und Frauen in Deutschland haben einen zu hohen Blutdruck. Herz-Kreislauf-Krankheiten sind weltweit für ein Viertel aller Todesfälle verantwortlich. Deutlich höher liegt der Anteil in den reichen Industrienationen: In Deutschland sterben rund 500 000 Menschen an Herz-Kreislauf-Krankheiten – immer noch deutlich mehr als an Krebserkrankungen, die jährlich 350 000 Menschenleben fordern. Wir zahlen einen hohen Preis für Wohlstand, Streß und Bewegungsmangel. Muß das sein?

Stellt man sich dem medizinischen Wissen unserer Zeit, dann kann man diese Frage eindeutig mit „Nein" beantworten. Allein durch die Senkung zu hoher Blutdruckwerte kann das Herzinfarkt- und Schlaganfall-Risiko um bis zu 40 % gesenkt werden. Eine konsequente Blutdrucksenkung ist also das „A und O" bei der Verhinderung von Herz-Kreislauf-Krankheiten. Die großen Chancen liegen in der Prävention, doch nur ein Drittel aller Deutschen geht regelmäßig zur Vorsorgeuntersuchung. Auf diese Weise wird der erhöhte Blutdruck von den Betroffenen oft nicht wahrgenommen. Er ist lange Zeit kaum spürbar und macht in den meisten Fällen auch keinerlei Beschwerden. So verrinnen wertvolle Jahre, in der die Gefäße immer mehr Schaden nehmen. Dabei ist der Bluthochdruck, mit wissenschaftlichem Namen „Hypertonie", leicht zu erkennen und gerade im Anfangsstadium auch leicht zu beheben.

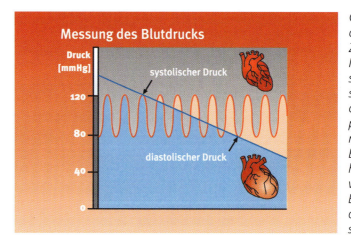

Grafik 3: Der Blutdruck schwankt: Zwischen einem Maximalwert, wenn sich das Herz zusammenzieht und das Blut in den Körper preßt, und einem Minimalwert. Bei der Messung hört der Arzt, bei welchem Druck das Blut den Gegendruck der Manschette überwindet.

Wann wird der Blutdruck zum Bluthochdruck?

In den vergangenen Jahren wurden die Grenzwerte für einen normalen Blutdruck immer mehr nach unten verschoben. Galten vor wenigen Jahren noch Werte von 160 zu 100 als normal, frei nach der Faustregel „100 plus Lebensalter", so gilt heute schon ein Druck von 140 zu 90 als Signal fürs Handeln (siehe *Tabelle 1*)!

Bei der Blutdruckmessung unterscheidet man zwei Werte: Der erste Wert bezeichnet den oberen, den systolischen Druck. Er steht für die Phase, in der sich das Herz zusammenzieht. Der zweite Wert bezeichnet den unteren, den diastolischen Druck. Er steht für die Ruhephase des Herzens, wenn das Blut kurz verharrt. Der Blutdruck wird in „Millimeter Quecksilber" (mm/Hg) angegeben.
Die Grenze des normalen Blutdrucks liegt beim Erwachsenen bei 140/90 mm/Hg. Die neuesten Studien favorisieren inzwischen sogar schon einen Grenzwert von 130/80 mm/Hg. Dieser Wert bezieht sich konkret auf eine Situation körperlicher Ruhe, z. B. im Sitzen oder Liegen. Der Wert muß immer am Arm, und zwar am Puls oder am Oberarm zwei Fingerbreit entfernt von der Armbeuge bestimmt werden. Wichtig dabei ist, daß der Meßpunkt stets in Höhe des Herzens gehalten werden muß, denn schon 15 Zentimeter höher oder tiefer verfälschen den Wert um 10 mm/Hg. Spätestens ab dem 35. Lebensjahr sollte viermal im Jahr eine Kontrollmessung erfolgen. Das läßt sich einfach organisieren, denn jede Apotheke bietet heute kostenlose Blutdruckmessungen oder einfach zu bedienende Meßgeräte zu akzeptablen Preisen für zu Hause an.

Erhöhter Blutdruck hat nur sehr selten, etwa bei jedem 30. Hypertoniker, eine organische Ursache. Bei allen anderen Betroffenen liegen die Gründe im persönlichen Lebensstil verborgen. Ursache kann z. B. Streß sein oder eine unglückliche Lebenssituation. Bluthochdruck hat viele individuelle Auslöser und kann deshalb nicht nach Schema F behandelt werden. So verschieden wie die Lebensstile sind auch die Wege zurück „in die Normalität", d. h. zu normalen Werten. Es kommt also ganz darauf an, den eigenen Weg zu finden; am besten mit Hilfe eines guten Arztes, der sich Zeit nimmt.
Ich selbst, Jean Pütz, habe bereits trotz relativ gesunder Lebensweise – abgesehen von gelegentlichem Streß – einen, wie man so schön sagt unspezifischen, Bluthochdruck. Die Behandlung ist einfach, wenn die Medikamentenkombination vom Arzt richtig eingestellt wird. Wenn der Bluthochdruck von Anfang an richtig behandelt wird, dann sind kaum Beeinträchtigungen zu erwarten. Wichtig

Klassifikation	systolischer Blutdruck (mm Hg)		diastolischer Blutdruck (mm Hg)	Vorgehen
1. normal	< 140	und	< 90	Kontrolle nach 1 Jahr
2. milde Hypertonie	140-180	und/oder	90-105	Allgemeinmaßnahmen und individueller Beginn einer Arzneimitteltherapie in 1 bis 6 Monaten
3. mittelschwere Hypertonie	> 180-210	und/oder	> 105-115	Allgemeinmaßnahmen und individueller Beginn der Arzneimitteltherapie innerhalb weniger Tage
4. schwere Hypertonie	> 210	und/oder	> 115	Allgemeinmaßnahmen und in der Regel sofortiger Beginn der Arzneimitteltherapie
5. isolierte systolische Hypertonie	≥ 140	und	< 90	Allgemeinmaßnahmen und individueller Beginn einer Arzneimitteltherapie bei systolischen Werten > 160 mm Hg

Tabelle 1: Bewertung des Blutdrucks
(Quelle: Deutsche Hochdruckliga, Heidelberg)

ist in jedem Fall gemäßigter Sport (siehe *Seite 11*).

Vielleicht sind persönliche Änderungen im Alltag nötig, die Ihr Leben um Jahre, wenn nicht Jahrzehnte verlängern.

Vermeidbare Risikofaktoren des Herz-Kreislauf-Systems

- Bluthochdruck
- Rauchen
- Bewegungsmangel
- Übergewicht
- Alkoholmißbrauch
- negativer Streß

Rauchen, Übergewicht und Alkoholmißbrauch sind als Risikofaktoren allgemein bekannt. Sie erhöhen das Risiko für eine ganze Palette von chronischen Krankheitsbildern und verkürzen die Lebenserwartung deutlich.

Rauchen
Nikotin verengt die Blutgefäße. Die direkte Folge ist eine Erhöhung des Blutdrucks. Wer es schafft, das Rauchen einzustellen, erreicht schon nach fünf Jahren wieder die Ausgangssituation eines Nichtrauchers.

Bewegungsmangel
Regelmäßige Bewegung an der frischen Luft trainiert die Gefäße, hält sie elastisch und versorgt sie mit Sauerstoff. Der Bluthochdruck wird reduziert. Nicht sportliche Höchstleistungen sind gefragt, sondern das Gegenteil: Ausdauersportarten mit realistischem Schwierigkeitsgrad wie kontrolliertes Gehen (Walking), Wandern, Radfahren, Schwimmen, Tennis, Gymnastik, Golf, Ballspiele, Joggen, Paddeln, Rudern sowie Skifahren und Reiten. Mäßige körperliche Aktivität wirkt direkt auf den Stoffwechsel. Sie verbessert die Fließeigenschaften des Blutes, indem sie seine Gerinnungsneigung bremst, verbessert den Blutfettspiegel und führt zum Abbau von Übergewicht und negativem Streß.

Chancen für ein „herz"gesundes Leben

- regelmäßige Blutdruckkontrolle
- Abbau von Bluthochdruck
- Vollwerternährung
- tägliche Bewegung im Freien
- dreimal wöchentlich körperliche Anstrengung
- Leben im Einklang mit den Rhythmen der Natur
- ein geregeltes Privatleben
- ein realistisches Lebensziel

Krebs

Krebs kann heilbar sein

Es gibt viele Menschen, die sagen können: „Ich hatte Krebs." Es gibt jedoch leider noch niemanden, der sagen könnte: „Ich hatte Alzheimer." Krebs ist zwar kein Tabuthema mehr, aber daß Krebs eine heilbare Krankheit sein kann, das wird von den Menschen immer noch nicht wahrgenommen. Zu groß ist die Angst, sich mit diesem Thema zu beschäftigen. Was Krebs eigentlich ist und wie man mit Krebs leben kann, damit beschäftigen sich nur Kranke und ihre Helfer. Die Realität dieser Krankheit, die statistisch inzwischen jeden Dritten von uns einmal in seinem Leben betrifft, wird nicht diskutiert. In unserem Buch „Leben mit Krebs" sind wir ausführlich und einfühlsam auf das Tabuthema Krebs eingegangen.

Man kann Krebs vorbeugen

Man kann Krebs sicher nicht immer verhindern, aber man kann Krebs vorbeugen und dafür Sorge tragen, daß die Krankheit in einem heilbaren Stadium entdeckt wird. Vergebens wird seit Jahrzehnten weltweit nach einem „Wundermittel" gegen „den" Krebs gesucht. Doch aus zwei Gründen scheint das nicht möglich:
1. Krebs ist nicht eine Krankheit, sondern eine Vielzahl verschiedener Krankheitsbilder mit wenig Gemeinsamkeiten. Krebs hat viele Gesichter.
2. Krebsgeschwulste, die Tumore, bestehen nicht aus fremden, sondern aus körpereigenen Zellen, die sich von gesunden Zellen zunächst einmal nur dadurch unterscheiden, daß sie sich durch einen Gendefekt besonders heftig vermehren. Sie werden von der körpereigenen Abwehr nur schwer als Gefahr erkannt und daher auch nicht angegriffen.

Schon allein diese beiden Eigenschaften des Krankheitsbildes schließen ein wirksames Allheilmittel nahezu aus. Die immer wieder neu aufkeimenden

Abb. 7: Krebs ist heilbar.
Liv Ullmann wurde gesund.

Hoffnungen auf die „Sensation" in der Krebstherapie entbehren einer realistischen Grundlage. Meistens verbirgt sich nichts anderes dahinter als Scharlatanerie und Geschäftemacherei. Es gibt zwei deutliche Anzeichen dafür, wenn mit der Angst der Kranken Geschäfte gemacht werden sollen: Erstens ist das Mittel/die Therapie unverhältnismäßig teuer und zweitens wird um die Wirkungsweise ein Geheimnis gemacht. Hüten Sie sich also vor solchen Angeboten!

Doch es gibt auch eine gute Nachricht. Krebserkrankungen kann man vorbeugen und vor allem in fast allen Fällen früh erkennen. Hier sind die wahren „Wunderwaffen" gegen Krebs zu suchen. Eigentlich hätte allein die Krebsvorsorge es verdient, weltweit als Sensation vermarktet zu werden. Denn welches andere „Wundermittel" kann Ihnen schon versprechen, daß die Wahrscheinlichkeit, Krebs in einem heilbaren Stadium zu entdecken, um 80 % ansteigt?

Die Zeitungen sind voll von Diskussionen über Strahlenbehandlungen, Chemotherapie, Gentherapie und den sogenannten „alternativen" Heilmethoden. Doch das sind letztlich im Vergleich zu den Chancen der Früherkennung alles verzweifelte Versuche zu retten, was noch zu retten ist, wenn die Krankheit bereits fortgeschritten ist. Aber was steht einer größeren Verbreitung der bekannten Methoden der Frühdiagnostik im Wege? Ein großes Problem liegt sicherlich in der menschlichen Psyche begründet. Krebs steht auch heute noch für totalen Kontrollverlust und Tod und ist entgegen den tatsächlichen Gegebenheiten die große Angstvorstellung schlechthin. Das hindert viele Menschen daran, irgend etwas zu tun, was sie in die Nähe dieser Angst bringt, und sei es nur eine Vorsorgeuntersuchung. Solange Menschen gesund sind, gehen sie offensichtlich fest davon aus, daß Krebs nur „die anderen" betrifft. An dieser psychischen Barriere scheitern viele sinnvolle Aktivitäten.

Wenn man es schafft zu akzeptieren, daß Krebs in erster Linie eine Krankheit der zunehmenden Zellalterung ist, die jeden irgendwann einmal ereilen kann, fällt es vielleicht leichter, Krebs als mögliches Schicksal anzunehmen und sich wirksam zu schützen.

Neben den Chancen der Früherkennung kann man Krebserkrankungen auch durch einen entsprechenden Lebensstil vorbeugen.

Krebs und seine möglichen Ursachen

Bei keiner Krebserkrankung ist die Sterblichkeit so groß wie beim Lungenkrebs. Nur 7 % der Patienten leben nach der Diagnose noch länger als fünf Jahre. Gleichzeitig ist Lungenkrebs die Krebserkrankung, vor der man sich am allerbesten schützen kann. 90 % (!) der Neuerkrankungen könnten vermieden werden – die Bedingung: Nicht rauchen, auch nicht passivrauchen!

Bei Verbrennungsvorgängen unterschiedlicher Art entstehen die sogenannten polycyclischen aromatischen Kohlenwasserstoffe, kurz PAK genannt. Sie gehören zu den gefährlichsten Umweltgiften überhaupt und lösen schon in sehr niedrigen Dosen bei Versuchstieren Krebs aus. Man kennt heute etwa 200 PAK-Verbindungen. Eines davon ist das Benzpyren. Es findet sich im Teer der Zigaretten genauso wie in gegrilltem und geräuchertem Fleisch. Inhaliertes Benzpyren gilt als Hauptverursacher des Lungenkrebses bei Rauchern. Jahrelang ging man auch davon aus, daß der Genuß von gegrilltem oder geräuchertem Fleisch und Fisch das Magenkrebsrisiko erhöht. Die vielen Studien zum Thema bestätigen das nicht. Vielmehr gibt es Hinweise darauf, daß bei korrektem Grillen und Räuchern, ohne Kontakt zwischen Flamme und Lebensmittel, keine Gefahr besteht. Außerdem scheint die alte Tradition des Marinierens und Würzens mit Kräutern, Senf, Essig und Olivenöl das Benzpyren in Schach zu halten.

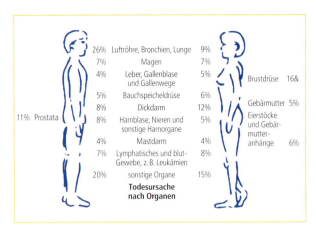

Grafik 4: Die Grafik zeigt – nach Männern und Frauen getrennt –, welche Anteile an den Todesfällen durch bösartige Neubildungen jeweils auf die Organe entfielen.
(Quelle: Deutsche Krebshilfe e.V., Bonn)

Neue Forschungsergebnisse über die segensreichen sekundären Pflanzenstoffe zeigen, daß z. B. das Quercetin (siehe Seite 67) in Tomaten, Paprika und Kopfsalat Benzpyren bindet. Gemüse und Salat als Beilage ist also nicht nur kulinarisch interessant, sondern auch die perfekte Ergänzung zur Krebsvorbeugung. In den Wohlstandsgesellschaften leben wir mit einem erhöhten Risiko, an Darm- oder an Brustkrebs zu erkranken. Gleichzeitig sind diese beiden Krebserkrankungen das beste Beispiel für die Chancen der Vorsorgeuntersuchung. Darmkrebs läßt sich durch die sogenannte Koloskopie, eine Untersuchung des Dickdarms mit der Kamera, immer (!) in einem heilbaren Stadium erkennen, wenn man diese Untersuchung etwa alle fünf Jahre macht. Tausende von Menschenleben könnten jährlich allein in Deutschland gerettet werden, wenn jeder ab dem 45. Lebensjahr alle fünf Jahre eine Koloskopie machen ließe. Bei Brustkrebs sieht die Situation ähnlich aus. Im Anfangsstadium entdeckt, liegen die Heilungschancen bei 90 %!

Immer mehr Ärzte fordern ein qualitätsgeprüftes „Mammographie-Screening", d. h. eine Reihenuntersuchung der Brust bei Frauen über 50 Jahren. Dafür bräuchten wir aber mehr Spezialisten, die die Röntgenaufnahmen auch richtig deuten können, Zweitgutachter und regelmäßig kontrollierte Geräte. Wer heute schon sichergehen will, läßt die Untersuchungen am besten in einem Tumorzentrum machen oder

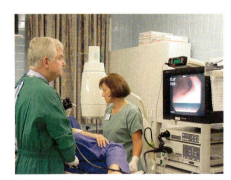

Abb. 8: Die Koloskopie ist eine wirksame Vorsorgeuntersuchung, um Dickdarmkrebs in einem heilbaren Stadium zu entdecken.

erkundigt sich bei Krebsselbsthilfegruppen (Kontakte siehe: „Burda aktiv und gesund", 1/99, S. 29 Anhang) nach zuverlässigen Adressen.

Viel Aufregung gab es in den letzten Jahren um erbliche Krebserkrankungen. Heute weiß man, daß es solche genetischen Dispositionen (Vorbestimmung durch Vererbung) für Krebs tatsächlich gibt, sie machen aber nur etwa 10 % der Krebserkrankungen aus. Selbst wenn eine genetische Disposition vorliegt, liegt das Risiko, tatsächlich an Krebs zu erkranken, bei etwa 60 %. Auch hier helfen effektive Vorsorgeuntersuchungen, die Krankheit in einem heilbaren Stadium zu entdecken und heilen.

Wann wird Übergewicht zum Risiko?

Das Körpergewicht bietet nur einen unzureichenden Anhaltspunkt bei der Diagnose von Übergewicht. Ob z. B. 80 Kilogramm zuviel oder zuwenig sind, hängt auch von der Körpergröße ab. Als international anerkanntes Maß gilt daher der sogenannte „Body Mass Index" (BMI). Der BMI bedeutet das Körpergewicht in Kilogramm geteilt durch die Körpergröße im Quadrat:

$$BMI = \text{Gewicht (kg)} : \text{Körpergröße (m}^2)$$

Eine Beispielrechnung: Bei einem Gewicht von 100 Kilogramm und einer Körpergröße von 1,76 Metern, rechnet man: $100 : 1{,}76^2 = 32{,}28$.
Ein gesunder Erwachsener hat einen BMI zwischen 18,5 und 20. Ein BMI zwischen

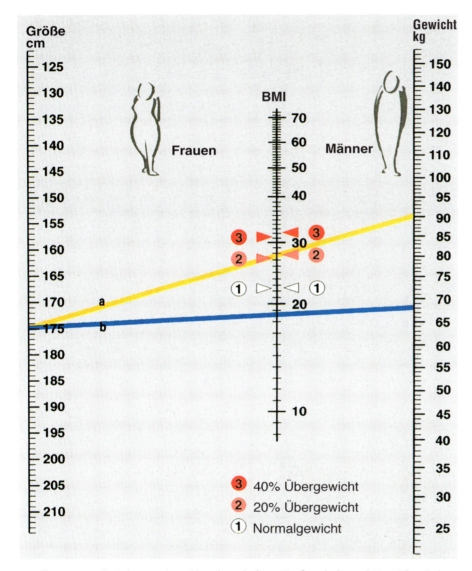

Grafik 5: Durch Anlegen eines Lineals zwischen Größenskala und Gewichtsskala können Sie Ihren BMI feststellen. Beispiel a): Bei 1,75 m und 90 kg liegt der BMI für Männer und für Frauen bei ca. 20 % Übergewicht. b): Bei 1,75 m und 68 kg liegt der BMI deutlich unter dem Normalgewicht.

25 und 30 gilt als Grenze zum Übergewicht, ein BMI über 30 als Fettleibigkeit und über 40 als schwere Fettleibigkeit. Bei einem BMI größer als 30 ist eine ärztliche Behandlung erforderlich. Bei einem solch hohen BMI steigt das Risiko für Brust- und Darmkrebs an. Möglicherweise ist die Ernährung und das Übergewicht aber nicht allein verantwortlich für die Krebserkrankung, sondern „nur" ein Indikator für eine Reihe weiterer Risikofaktoren wie Bewegungs- und Lichtmangel durch eine passive häusliche Lebensweise, z. B. als „Couch-Potatoe" vor dem Fernseher, oder einem Büroarbeitsplatz vor dem Computer.

Hochprozentiger Alkohol begünstigt die Entwicklung von Krebs oder „Auf die Dosis kommt es an"

Jetzt werden Sie als aufmerksamer Leser dieses Buches sicher stutzen – und das zu Recht. Heißt doch das folgende Kapitel „Lebensfreude durch maßvollen Genuß: Wein." Was soll man mit all diesen widersprüchlichen Botschaften nur anfangen? Da kann man doch gleich so weiterleben wie bisher, denken Sie jetzt vielleicht. Möglicherweise können Sie tatsächlich so weiterleben wie bisher, denn die Ernährungswissenschaftler und Mediziner haben in den letzten Jahren gelernt, daß extreme Neuerungen und Gewaltkuren mehr schaden als nützen. Auch beim Alkohol gibt es kein Schwarz oder Weiß. Weder diejenigen, die ihn einseitig verteufeln, noch diejenigen, die ihn ohne Abstriche verherrlichen, haben recht. Entscheidend allein ist die tägliche

Gesamtzufuhr des reinen Alkohols und die Art des Alkohols.

Interpretiert man alle vorliegenden Studien mit großer Vorsicht und berücksichtigt man Auftraggeber und Interessenlage (viele Untersuchungen sind von der Weinlobby bestimmter Anbauregionen in Auftrag gegeben worden), dann kann man nach heutigem Stand des Wissens davon ausgehen, daß Frauen täglich 30 Gramm Alkohol und Männer das Doppelte unbedenklich zu sich nehmen können. Bis zu dieser Grenze ist der tägliche Genuß von Wein guter Qualität sogar ein Gewinn für die Gesundheit! Für andere Alkoholika konnte ein solcher positiver Effekt jedoch nicht nachgewiesen werden. D. h. auch Bier in Maßen ist zwar nicht schädlich, nützt aber auch nicht. Das gleiche gilt für harte Alkoholika, wobei bei Schnäpsen die Grenze zur schädlichen Dosis besonders schnell überschritten ist, für Frauen schon nach einem Glas!

Für Wein gilt eine einfache Rechnung: 1 Liter Wein mit 12,5 Volumenprozent (Vol%) enthält 100 Gramm Ethylalkohol (reiner Weingeist). Um die erlaubte Dosis von 30 bzw. 60 Gramm Alkohol nicht zu überschreiten, können Frauen jeden Tag mit gutem Gewissen etwas mehr als einen Viertel Liter Wein trinken und Männer etwa das Doppelte, also etwas mehr als einen halben Liter. Für ein Paar bedeutet das, daß sie gemeinsam jeden Tag eine Flasche Wein leeren dürfen. Das ist doch eine ganze Menge Genuß ohne Reue! Was man an Quantität spart, sollte man auf jeden Fall in die Qualität stecken, denn gute Weine, und vor allem Weine aus biologischem Anbau, sichern Ihnen die wertvollen Inhaltsstoffe (siehe *Seite 32*). Meine, Jean Pütz', Großmutter, die an der luxemburgischen Mosel wohnte, wurde mit einer täglichen Dosis von zwei bis vier Gläsern Wein 92 Jahre alt. Mir persönlich reichen ein bis zwei Gläser.

Wem das zu wenig ist, der kann auf Weine mit einem niedrigeren Alkoholgehalt als 12,5 Vol% zurückgreifen oder

Abb. 9: Hildegard von Bingen hatte Zugang zur Klostermedizin ihrer Zeit, doch ihr Wissen ging weit darüber hinaus. Es stammt aus reicher eigener Erfahrung und – wie sie selbst immer wieder betont – aus Visionen.

nach guter alter Sitte Wasser in den Wein gießen und ihn als „Schorle" genießen. Hildegard von Bingen, die berühmte mittelalterliche Heilerin (1098 – 1179), stammte aus dem Weinanbaugebiet von Rhein und Nahe. In vielen Rezepten weist sie dem Wein medizinische Wirkungen zu und empfiehlt ihn als tägliches Getränk. Ihr besonderer Hinweis: Man solle den Wein mit Wasser verdünnen. Hildegard-Fans sprechen daher vom „Hildegardisieren" des Weins.

Die große Heilerin hatte über ihren Orden, den Benediktinern, Zugang zu dem alten Heilswissen aus dem Mittelmeerraum, denn das Stammkloster der Benediktiner liegt in Montecassino bei Neapel. So taucht neben Wein in ihren Rezepten auch immer wieder das Olivenöl auf. Hildegard von Bingen selbst hat zeitlebens in einer Landschaft gelebt, in der keine Olivenbäume wachsen. Die meisten ihrer Heilmittel fand sie in ihrer Heimat an Nahe und Rhein. Doch beim Öl machte sie eine Ausnahme und empfahl immer wieder das Olivenöl, das schon damals über die gut ausgebauten Handelswege auch nach Deutschland kam. Die berühmte Heilslehre der Hildegard von Bingen transportierte mit Olivenöl- und Weinrezepten schon vor 900 Jahren mediterranes Wissen in unsere Regionen.

Doch zurück zum Alkohol: Bei Bier können Männer einen halben bis einen Liter pro Tag ohne Schaden trinken und Frauen etwa einen halben Liter. Bei Bier ist allerdings aufgrund der Kalorien Vorsicht geboten, man muß weniger essen.

Diese Empfehlungen gelten natürlich nicht für Schwangere, Kranke und alkoholgefährdete Personen. Damit zur Kehrseite der Medaille: In kaum einem anderen Land der Welt wird soviel Alkohol getrunken wie in Deutschland. Zwölf Liter reinen Ethylalkohol im Jahr trinkt jeder Deutsche im Durchschnitt, Kinder und Greise eingeschlossen. Alkohol kann, muß aber nicht, in die Abhängigkeit führen. Die Sucht nach Alkohol ist neben der Nikotinsucht das größte sozialmedizinische Problem in Deutschland. Alkohol schädigt nicht nur die Leber, sondern auch das Nervensystem, Niere und Herz. Alkoholmißbrauch, d. h. die Aufnahme von täglich mehr als 100 Gramm (entspricht einem Liter Wein mit 12,5 Vol% oder drei Gläsern Schnaps von 0,1 Liter Inhalt), läßt das Risiko, an Krebs zu erkranken, beträchtlich ansteigen. Vor allem steigt die Wahrscheinlichkeit, an Rachen- und Kehlkopfkrebs sowie an Mundhöhlenkrebs zu erkranken. Dabei ist Alkohol selbst keine krebserregende Substanz, er beeinflußt jedoch das Gewebe in einer Weise, die eine Entwicklung von Tumoren wahrscheinlicher macht.

Krebs und Ernährung

Vorsorgeuntersuchungen, eine gesunde und abwechslungsreiche Ernährung, wie sie die Mittelmeer-Küche bietet, und ein gesunder Lebensstil sind die wirksamsten Waffen gegen Krebs. Wenn man auch die einzelnen Faktoren nicht immer trennen kann, so kann ein Lebensstil, wie er in diesem Buch beschrieben wird, das Krebsrisiko um 30 % senken. Die Ernährung spielt bei dem komplexen Beziehungs-

Abb. 10: Essen Sie fünfmal am Tag kleine Portionen und achten Sie darauf, daß die Farben „Rot", „Grün", „Gelb" und „Weiß" vorkommen.

Abb. 11: Frischkäse-Röllchen

gefüge „Lebensstil" natürlich eine dominante Rolle. Dennoch muß man feststellen, daß die Rolle der Ernährung gegenüber anderen „live-style"-Faktoren oft überbetont wird. Starre, rezeptartige Anweisungen haben sich ebensowenig bewährt wie eine lustfeindliche Rohkostküche, abrupte Änderungen im Lebensstil oder gar Verbote. Frei nach dem Motto: „Am Alten festhalten, sofern es sich bewährt hat, und täglich Neues ausprobieren" sollte man auf der Basis des Gewohnten Empfohlenes durchspielen und Verhaltensweisen variieren.

Nachdem die Forderungen nach „frischem Obst und Gemüse", welches das Immunsystem stärken soll, jedem Schulkind bekannt sind, wollen wir uns hier einem interessanten Vorschlag des World Cancer Research Fund zuwenden, die mit ihrem Programm „5-a-day for better health" (5mal am Tag für die Gesundheit) in Amerika große Erfolge bei der Prävention von Krebs erzielt haben.

Diese Kampagne meint nichts anderes als den Vorschlag, fünfmal am Tag vorwiegend pflanzliche Lebensmittel zu essen und darauf zu achten, daß die Farben „Rot", „Grün" und „Gelb" auftauchen. Auch Büromenschen und Kantinengäste können dies durchhalten, indem sie immer kleine Zwischenmahlzeiten bereit halten. Mal eine Banane (= gelb), einen Apfel (= grün), eine Karotte (= rot) oder andere Früchte der Saison, einen Tomatensalat (= rot) oder Gemüse zum Dippen in eine Kräutersauce (= grün). Wir würden der Kampagne noch die Farbe „Weiß" wünschen, denn auch ein Joghurt oder Kefir zwischendurch macht viel Sinn, auch sie eignen sich wunderbar zum Dippen. Die Kampagne „5-a-day for better health" ist vielleicht auch deswegen so erfolgreich, weil sie dem veränderten Lebensstil in „verwestlichen" Gesellschaften entgegenkommt. Moderne Zeitgenossen bevorzugen viele kleine, über den Tag verteilte Snacks. Schnell, einfach, abwechslungsreich und gleich mit den Fingern in den Mund. Der Trend hat auch schon einen, natürlich englischen, Namen: Finger Food. Diesem Trend haben wir Tribut gezollt und unsere Rezepte um eine Rubrik „Finger Food" erweitert.

Die kleinen Zwischenmahlzeiten können auch Berufstätige leicht und schnell zu Hause zubereiten und sogar mit ins Büro nehmen. Genau betrachtet ist Finger Food nur die amerikanische Neuauflage der bewährten spanischen Tapas oder der italienischen Antipasti. Hier ist der Fundus für wunderbare gesunde kleine Köstlichkeiten, die vergessen lassen, wie gesund man damit lebt!

An dieser Stelle ein einfaches Rezept, um Ihren Appetit und Ihre Phantasie auf eigene Kreationen anzuregen:

Frischkäse-Röllchen

4	Zucchini
	Mehl, Olivenöl
200 g	Frischkäse
1	Paprika
	Salz, Pfeffer
	Kräuter der Provence

Die Zucchini längs in dünne Scheiben schneiden. In Mehl wenden, in Öl anbraten und salzen. Den Frischkäse und die gewürfelte Paprika mit Salz, Pfeffer und Kräutern mischen und die Zucchinischeiben damit bestreichen. Aufrollen und mit einem Spießchen zusammenstecken.
Tip: Das Rezept schmeckt auch sehr gut mit Auberginen.

Lebensfreude durch maßvollen Genuß: Wein

„Mäßig genossen ist der Wein
eine Arznei,
die das Alter verjüngt;
den Kranken gesund
und den Armen reich macht."
(Plato 427 – 347 v. Chr.)

Um es gleich vorweg zu sagen: Wir empfehlen ausdrücklich nur den „mäßigen und intelligenten" Genuß von Wein! Dieser Entschluß ist nicht die Folge eines weinseligen Abends, der den kritischen Verstand versinken ließ, sondern das Ergebnis nüchterner Lektüre aktueller medizinischer Studien. Dabei sind wir uns der Verantwortung, die man mit solch einem Rat übernimmt, durchaus bewußt, denn schließlich ist Wein ein alkoholhaltiges Getränk.
Doch nach genauer Prüfung des neuen und alten Wissens über den Wein läßt sich mit gutem Gewissen sagen: Mäßiger Weingenuß beugt vielen chronischen Krankheiten vor, v. a. koronaren Herzerkrankungen, die gerade im Alter eine große Rolle spielen. Alles spricht dafür, daß „ein Gläschen in Ehren" der Gesundheit förderlicher ist als ein streng abstinentes Leben. Die Botschaft ist jedoch nicht ganz so schlicht, wie sie sich zunächst anhört. Einiges mehr sollte man schon dazu wissen und beim Weinkonsum beachten. Es geht um die Kunst – die Lebenskunst –, Wein richtig zu genießen.

Gesunde Arznei seit Jahrtausenden, aber kein Medikament

Wein ist ein gutes Lösungsmittel für vielerlei medizinisch wirksame Substanzen. Sie gehen in den Alkohol über und werden so vom Körper besonders gut und leicht aufgenommen. Das gilt im doppelten Sinne: Jede Medizin schmeckt mit Alkohol besser als ohne, und außerdem wird die Aufnahme der wirksamen Stoffe durch den Darm erleichtert und beschleunigt. Das kann sich jeder gut vorstellen, der einmal erlebt hat, wie schnell „Alkohol ins Blut geht" – und mit dem Alkohol auch die Wirkstoffe. Viele Medikamente werden deshalb auch heute noch als alkoholische Lösungen verkauft.
In den etwa 4000 Jahre alten mesopotamischen Tontafelbibliotheken in Keilschrift finden sich auffällig viele Tontafeln mit medizinischen Rezepten. Sie berichten von Hunderten von Arzneipflanzen und Mineralien, welche die Ärzte zur Dämonenbekämpfung in Wein eingerührt, extrahiert, d. h. eingelegt, oder abgekocht haben. Heilzauber und mystische Elemente waren damals noch untrennbar mit Erfahrungsmedizin verbunden. Schon in den frühesten Berichten, die den großen Nutzen des Weins preisen, finden sich Warnungen genauso wie Empfehlungen. So bestimmte Hammurapi, König von Babylon (1728 – 1668 v. Chr.), in seiner berühmten Gesetzessammlung auf Dioritblöcken, die sich heute im Louvre befindet, daß im Tempelbereich und zur Erntezeit nur eine begrenzte Menge Wein verkauft werden durfte. Gleichzeitig verkündete er:

„Der Wein gehört zu den kostbarsten Gaben der Erde. So verlangt er Liebe und Respekt, wir haben ihm Achtung zu erweisen."

Schon die frühesten Quellen betonen also die Kunst, die angenehme und gesunden Wirkungen des Weins zu nutzen, ohne das Maß zu verlieren.

Auch im alten Ägypten stand der Wein hoch im Ansehen. Er wurde vorwiegend in den Oberschichten getrunken. Die medizinischen Schriften der Ägypter enthalten z. B. Trinksprüche auf die Gesundheit, in denen der Wein als Heilmittel für den Magen, die Glieder und vor allem als Aphrodisiakum gepriesen wird. Mit Kräutern versetzt linderte er Schmerzen und desinfizierte Wunden.

Im antiken Griechenland erreichte der Wein die höchste Verehrung im ekstatischen Dionysos-Kult. Berauschte Menschen suchten die Vereinigung mit Gott. In der klassischen Zeit Griechenlands unter der geistigen Führung der Philosophen wurde die Ausgelassenheit gezügelt. Der Vorsitzende eines Gastmahles bestimmte das Mischungsverhältnis von Wein und Wasser, und es galt als erstrebenswert, eine würdige Haltung zu wahren und Trunkenheit zu verbergen. Auch heute noch gilt die Kunst, einen Rausch „führen zu können" in Griechenland als Ideal. Trotz der schweren griechischen Weine wird man nur selten einen trunkenen Griechen erleben. Die Heilkunde der alten Hochkulturen kannte und schätzte den Wein. Das gilt nicht nur für Europa, sondern auch für den Nahen und Fernen Osten, die Perser, Inder und Chinesen.

Der entscheidende Anstoß zum modernen naturwissenschaftlichen Wissen kommt in Europa aus dem Mittelmeerraum, von den Griechen. In der Zeit der griechischen Hochkultur versuchten die Ärzte zum ersten Mal bewußt, Zauberei und Magie von überprüfbarem Wissen zu trennen. Die alles überragende Figur dieser Zeit war Hippokrates (um 460 – 375 v. Chr.) von der Insel Kos. Er unterrichtete dort an seiner berühmten Ärzteschule und entwickelte eine erste wissenschaftliche Heilkunde.

Abb. 12: Schon Hippokrates hat die Wirkungen des Weins an seinen Patienten getestet.

Seine Lehren entsprachen dem, was man heute als „Ganzheitsmedizin" bezeichnet, denn er lehrte: *„Der Körper ist wie ein Kreis, ohne Anfang und ohne Ende, und jeder Teil hängt mit allen übrigen innig zusammen."* Hippokrates und seine Schüler prüften und beschrieben die Wirkungen des Weins bei verschiedenen Erkrankungen und vielen Patienten. In der modernen Wissenschaftssprache würde man sagen, sie führten eine klinische Studie, eine Art Reihenuntersuchung durch. Es bestätigten sich die bekannten Wirkungen des Weins bei der Behandlung von Verletzungen, als Beruhigungs- und Schlafmittel, als Schmerz- und Kräftigungsmittel. Die Ärzte von Kos fanden darüber hinaus noch positive Wirkungen des Weins auf das Verdauungssystem und seine harntreibende Wirkung. Man studierte die unterschiedlichen Wirkungen verschiedener Weinsorten und Kräuterbeimischungen sowie das optimale Mischungsverhältnis von Wasser und Wein genau. Das führte zu exakten Ergebnissen, die sorgfältig auf die Situation des Patienten abgestimmt wurden. Interessanterweise wurde schon damals für die meisten inneren Erkrankungen ein leichter Weißwein empfohlen. Es sollte fast 600 Jahre dauern, bis die Arbeit der Medizinschule von Kos fortgesetzt wurde.

Es war der römische Arzt Galenus Galen (129 – 199 n. Chr.), der ähnlich ernsthafte naturwissenschaftliche Untersuchungen durchführte, die bis in die Neuzeit respektiert wurden. Neben

Hippokrates war Galen der bedeutendste Arzt der Antike. Er untersuchte die Besonderheiten junger und alter Weine aus den verschiedenen Anbaugebieten und versuchte, ihre chemischen und pysikalischen Eigenschaften herauszufinden. Bei längerem Fieber gab er seinen Patienten angewärmten leichten Wein. Bei Fieber mit Bauchschmerzen gab er schwere dunkle Weine und herbe Weine bei Blutungen. Galen verordnete auch feuchte Umschläge, Einreibungen und Massagen mit Wein. Er setzte den Weinen Honig, Wermut, Myrrhe und verschiedene Kräuter zu. Diese „Kräuterweine" waren in Rom sehr beliebt und verbreitet. Es gab sie in vielerlei Varianten: von den „Medizinalweinen" mit einer klaren therapeutischen Funktion bis zu den „Würzweinen", bei denen ein oft minderwertiger Grundwein durch Kräuter aufgewertet wurde. Bis ins späte Mittelalter schätzte man die Kräuterweine. Sie gehörten auch zu den Heilmitteln der sogenannten „Hildegard-Medizin" der Hildegard von Bingen. Neben dem Dinkel und dem Birnhonig gilt der Wermutwein der ersten deutschen Ärztin als eines der wichtigsten Heilmittel. Dieses Universalmittel gegen alle Altersbeschwerden, Erkrankungen der inneren Organe, Verdauungsschwäche, Herz- und Kreislaufschwäche, Rheuma und Gicht kann man fertig kaufen oder auch selbst herstellen. Hier das Originalrezept:

„Und wenn der Wermut im Frühjahr frisch ergrünt, quetsche ihn, drücke seinen Saft durch ein Stück Tuch. Darauf koche Wein mit Honig auf kleiner Flamme und gieße den gepreßten Saft diesem Wein zu, und zwar soviel, daß dieser Wermutsaft den Geschmack von Wein und Honig übertrifft. Diesen Trank nimm von Mai an bis Oktober nüchtern jeden dritten Tag, und er bändigt die Lanksucht und die Melancholie in dir, und er macht deine Augen klar und stärkt dein Herz und läßt nicht zu, daß die Lunge geschwächt werde und wärmt den Magen und reinigt die Eingeweide und bereitet eine gute Verdauung."

Jetzt noch einmal die aktualisierte Beschreibung:

150 ml	frisch gepreßter Wermutsaft
3 l	Weiß- oder Rotwein
400 g	naturreiner Honig

Die beste Zeit zur Herstellung des Wermutweins ist der Frühling, wenn die Wermutpflanzen frisches Grün getrieben haben. Wermut läßt sich leicht im Garten oder auf der Terrasse ziehen oder beim Gärtner vorbestellen. Den frischgeschnittenen Wermut im Mixer zerkleinern, in ein Tuch füllen und den Saft abpressen. Den Wein mit dem Honig vorsichtig erhitzen (nicht kochen!) und den frischgepreßten Wermutsaft dazugeben. Den Wermutwein noch warm in saubere Flaschen abfüllen und sofort verschließen. Den Sommer über jeden dritten Tag morgens ein kleines Glas nüchtern trinken.

Ein Überbleibsel dieser alten Kunst, pharmakologisch wirksame Substanzen in Wein zu lösen, ist sicherlich der in Spanien so beliebte Sangria und bei uns der Glühwein.

Würzwein „Sangria"
Sangria ist ein leichtes Erfrischungsgetränk für den Sommer. In Spanien trinkt man die Bowle am Spätnachmittag und serviert dazu einige Tapas.

(für 4 Personen)

6-8	Eiswürfel
1 Flasche	leichter trockener spanischer Rotwein (Valencia oder La Mancha)
1	unbehandelte Zitrone
1 Stück	Zimtstange
½ l	Orangensaft, frisch gepreßt Saft von 2 Zitronen, frisch gepreßt
1 Flasche	Mineralwasser, gut gekühlt einige Minzeblättchen

Eiswürfel und Wein in einen Krug gießen. Die Schale der unbehandelten Zitrone in dünnen Streifen abschneiden und mit dem Zimtstückchen dazugeben. Eine halbe Stunde ziehen lassen. Dann die Schale und das Zimtstück wieder herausholen. Die Fruchtsäfte unterrühren und eventuell nach Geschmack etwas süßen. Das Mineralwasser zugießen, mit den Minzeblättchen garnieren und sofort servieren.

Glühwein
(für 4 Personen)

je 2		unbehandelte Orangen und Zitronen
		Gewürznelken
2 Flaschen		trockener Rotwein
	2	Zimtstangen
		frischer Ingwer, in kleine Stücke geschnitten
		brauner Kandis
		Nelken, gemahlen
		Zimt, gemahlen
je 1		unbehandelte Orange und Zitrone zum Garnieren

Die Orangen und Zitronen mit Gewürznelken spicken und in Achtel schneiden. Den Rotwein mit den Zitrusfrüchten und den anderen Gewürzen erhitzen, aber nicht kochen lassen. Zudecken und eine Nacht ziehen lassen. Am nächsten Tag die Gewürze heraussieben und den Glühwein erneut erhitzen, ohne zu kochen. Mit Kandis, den gemahlenen Nelken und Zimt abschmecken. Danach mit frischen Orangen- und Zitronenscheiben garnieren. Sehr heiß servieren.

Die beliebten mediterranen Kräuterweine früherer Zeiten waren eigentlich nur einfache Weinauszüge. Die Kräuter wurden mit dem Wein erwärmt oder, z. B. in einem Leinensäckchen, längere Zeit in den Wein gehängt. Es gab sogar einen eigenen Berufstand, verwandt dem Apotheker, den sogenannten „Weinwürzer", der die verschiedenen Kräuterweine herstellte und Patienten beriet. Ihr Wissen wanderte schon früh gen Norden. Ein berühmter Weinwürzer und Pfarrer war Fridrich Helbach aus Kirn im Weinbaugebiet der Nahe. In seiner Oenographia von 1604 beschreibt er über hundert solcher Weine.

Für die klassischen Kräuterweine wurden die Kräuter und die Weintrauben zusammen vergoren. Dazu schütteten die Weinwürzer auf 25 Liter Traubenmost etwa drei Kilogramm Kräuter, nach drei Monaten Gärung entstand ein wohl-

Abb. 13: Ein Überbleibsel der alten Kunst, wirksame Substanzen in Wein zu lösen, ist der Glühwein.

schmeckendes Getränk, das noch ganz den Charakter eines Weins hatte. Glaubt man den alten Rezepten, dann eignet sich der Most von weißen Trauben besser für einen guten Kräuterwein, da Rotwein die Wirkstoffe angeblich nicht so gut aufnimmt. Die wirksamen Stoffe aus den Kräutern werden durch den Alkohol des Weins stabilisiert, konserviert und für den Körper des Menschen aufgeschlossen. Aus diesem Grund ist Wein auch pharmakologisch wirksamer als Traubensaft.

Heute ist die Erinnerung an die medizinische Wirkung der mediterranen Kräuterweine verblaßt, doch es gibt gute Gründe, das alte Wissen wieder aufleben zu lassen. Man kann eine Rückbesinnung auf die alten Traditionen beobachten: So bietet ein Weingut am Klosterberg Disidodenberg in Odernheim, wo Hildegard von Bingen ihre Ausbildung erhielt, einen Kräuterwein „Claretum" mit Auszügen aus Rosengewächsen an. Claretum wird als Weinaperitif verkauft, denn das deutsche Weingesetz verbietet es, Kräuterweine als „Wein" zu verkaufen. Doch niemand verbietet die eigene Herstellung:

Drei Rezepte für klassische mediterrane Kräuterweine

Rosmarin-Wein

Dieser Kräuterwein kombiniert die Kräfte des Rosmarinstrauches mit denen des Weins. Rosmarin galt in der Antike als Pflanze der Aphrodite, der Göttin der Liebe. Sie symbolisierte das ewige Leben und die Unsterblichkeit.

Abb. 14: Basilikum wirkt sich günstig auf die Verdauung aus.

ren und den Weißwein fünf Minuten auf hoher Temperatur halten. Danach den Wein mit Kaffeefilterpapier filtern, abkühlen lassen und abfüllen. Dicht verschließen und kühl lagern.

Basilikum-Wein
Basilikum ist ein Heilkraut mit starkem Aroma, das die Verdauung günstig beeinflußt und anregend wirkt. Die Heimat des Basilikums ist wahrscheinlich Indien, doch hat es sich im Mittelmeerraum stark verbreitet. Schon seit dem Altertum schätzt man es als belebendes Suppengrün und als Verdauungshilfe bei fetten Speisen.
Basilikum-Wein wirkt antidepressiv, magenstärkend, beruhigend sowie harntreibend und appetitfördernd.

(für 2 Personen)

> 100 g frisches oder 50 g getr. Basilikum
> 1 l trockener Weißwein

Herstellung wie *links* unter „Rosmarin-Wein" beschrieben.

Der Rosmarin-Wein wirkt allgemein vitalisierend, durchblutungsfördernd und herzstärkend, schmerzlindernd, antirheumatisch sowie antibakteriell und antiseptisch.

(für 2 Personen)

> 100 g frischer oder 50 g getr. Rosmarin
> 1 l trockener Weißwein

Die zerkleinerten Rosmarinzweige vorsichtig mit dem Weißwein erhitzen. Kurz vor dem Sieden die Temperatur reduzie-

Johanniskraut-Wein
Johanniskraut-Wein kombiniert die aufhellende Wirkung der Johanniskrautblüten mit der belebenden des Weins. Das Johanniskraut galt schon bei den Germanen als wirksames Beruhigungsmittel und heute wird es in der Phytotherapie als natürliches Antidepressivum eingesetzt. Es wirkt allgemein harmonisierend, ohne daß Nebenwirkungen bekannt sind.
Das Johanniskraut ist das natürliche Zauberkraut des Sommers. Wenn die Tage im Juni warm und hell werden, kann man um den 24. Juni, dem Namenstag von Johannes dem Täufer, St. Johanni, mit der Ernte beginnen. Dazu das ganze blühende Kraut nahe dem Boden abschneiden und zu Büscheln gebündelt an einem schattigen Ort aufhängen. Für den Johanniskraut-Wein verwendet man nur die Blüten.
Die stimmungsaufhellende Wirkung des Johanniskrauts wurde früher tatsächlich der in den Blüten gespeicherten Sonnenenergie zugeschrieben. Heute kennt man den Wirkstoff, es ist das tiefrote Hypericin oder auch Hypericumrot genannt.
Man kann es leicht finden, wenn man die gelben Blüten zwischen den Fingern zerreibt – sie färben sich blutrot.
Johanniskraut-Wein wirkt antidepressiv, beruhigend und schmerzlindernd

(für 2 Personen)

> 100 g frische oder 50 g getr. Johanniskrautblüten
> 1 l trockener Weißwein

Herstellung wie *links* unter „Rosmarin-Wein" beschrieben.

In Vino Sanitas – Im Wein liegt Gesundheit

„Es gibt mehr alte Weintrinker als alte Ärzte."
(Sprichwort)

In unseren modernen „aufgeklärten" Zeiten ist die Angst vor Drogen groß. Die vielen Freiheiten, die wir im Laufe der Zeit dazugewonnen haben, führen nicht selten dazu, daß Menschen das Maß verlieren. Das ist eine ernste Gefahr, die auch vom Alkohol und somit vom Wein ausgeht. Sie bedeutet aber nicht, daß Weinkonsum automatisch in den Mißbrauch führt. Im Gegenteil, ein angemessener Umgang mit Wein läßt sich am besten erlernen, wenn man ihn regelmäßig trinkt. Ist das Weintrinken in den Alltag integriert, dann führt eine solche Gewohnheit nicht in Sucht und Abhängigkeit, das zeigt die jahrtausendealte Erfahrung regelmäßigen Weinkonsums in den Familien des Mittelmeerraums. Kontrollverlust und Sucht haben andere – psychische und physische – Ursachen, auf die wir hier nicht eingehen können. Es gibt Umstände, unter denen auch Weintrinken zu Problemen führen kann, z. B. in persönlichen Krisen, bei suchtgefährdeten Personen, gleichzeitiger Tabletteneinnahme, schweren Leber- oder Nierenleiden und in der Schwangerschaft. Doch normalerweise gilt, daß ein moderater Weinkonsum gerade ältere Menschen gesund hält und ihre Lebenserwartung verlängert!

Im Frühjahr 1995 veröffentlichte die „Copenhagen City Heart Study" eine große Studie, bei der über einen Zeitraum von zwölf Jahren die Lebensgewohnheiten von 13 000 Frauen und Männern im Alter von 30 bis 80 Jahren untersucht worden waren. Die Studie war vom dänischen Gesundheitsministerium in Auftrag gegeben worden und sollte klären, welche Lebensgewohnheiten vorbeugende gesundheitliche Effekte haben.

Das sensationelle Ergebnis: Die Teilnehmer der Studie, die nie Wein tranken, hatten ein doppelt so hohes Risiko, früher zu sterben, als diejenigen, die täglich Wein tranken. Bei einer Tagesdosis von 0,4 bis 0,6 Litern Wein, das ist etwa eine halbe Flasche, hatten die Weintrinker im Vergleich zu den Abstinenzlern sogar ein um fast 60 % erniedrigtes Herzinfarktrisiko. Der tägliche Konsum von Bier hatte dagegen keinerlei gesundheitliche Effekte, während bei regelmäßigem Genuß des in Dänemark so beliebten klaren Korns die Sterberate sogar anstieg! Die Studie zeigt, daß die schützende Wirkung nicht vom Alkohol selbst ausgeht, sondern von den Inhaltsstoffen des Weins. Dennoch ist der Alkohol im Wein sehr wichtig, denn er sorgt dafür, daß die bioaktiven Substanzen auch an ihren Bestimmungsort in den Zellen gelangen.

Im Jahre 1996 beugte sich selbst die Regierung der Vereinigten Staaten von Amerika, bekannt für ihren rabiaten Antialkoholismus, der geballten Beweislast der neuen Studien. In ihren „US Dietry Guidelines", dem offiziellen Ernährungsbericht, wurde bestätigt, daß der moderate Verzehr von Wein beim Essen gesundheitliche Vorteile mit sich bringt. Der gesunde Lebensstil gelingt mit Wein einfach besser. Maßvolles Trinken und gelegentliche Abstinenz erhöhen den Genuß. Wenn das gelingt, bereichert es das Leben – Lebenskunst.

Abb. 15: Regelmäßiger Weingenuß fördert die Gesundheit.

Die Inhaltsstoffe des Weins

Wein besteht zu 80 bis 90 % aus Wasser, dann folgt mengenmäßig der Alkohol in Form von Ethanol. Seine Konzentration schwankt zwischen 8 und 20 Vol% bei Dessertweinen. Der Rest sind eine Vielfalt von Substanzen, die je nach Rebsorte, Jahrgang, Boden, Düngung, Spritzung, Klima und Ausbau der Weine im Keller stark schwanken. Der Zuckergehalt hängt von der natürlichen Süße und vor allem von der Weinherstellung ab. Er liegt zwischen 2 und 80 Gramm pro Liter. Die Zuckerverbindungen im Wein sind Fructose und Glucose. Neben dem Alkohol und dem Zucker enthält der Wein verschiedene Säuren, die für den frischen, fruchtigen Geschmack sorgen. Das sind

die Weinsäure, die Apfelsäure und die Milchsäure. Alle anderen Substanzen finden sich nur noch in Spuren im Wein, was aber nichts über ihre tatsächliche Bedeutung aussagt.
Im Gegenteil, man könnte fast überspitzt sagen: je geringfügiger die Anteile, desto größer die Wirkung. Diese Substanzen werden Mikronährstoffe genannt: Wein enthält Mineralien, v. a. Kalium und Magnesium, Spurenelemente, Vitamine aus der B-Gruppe und Vitamin C sowie die Polyphenole. Polyphenole sind organische Verbindungen, zu denen auch die Gerbstoffe und Farbstoffe gehören, die besonders im Rotwein für den herben Geschmack sorgen. Die Phenole finden sich vor allem auf und in der Schale der Traube. Während des Weinausbaus machen sie verschiedene chemische Reaktionen durch und beeinflussen damit das Aussehen, das Aroma und nicht zuletzt den Geschmack des Weins.

Das Geheimnis des gesunden Weins: die Polyphenole

Polyphenole nennt man eine große Gruppe von Verbindungen, die alle auf der Struktur des Phenols aufbauen. Sie kommen in allen Pflanzen vor, doch oft nur in sehr kleinen Mengen. Lange waren sie völlig unbekannt und bis vor etwa zehn Jahren auch in ihrer Wirkung unterschätzt. Das hat sich heute geändert. Die Polyphenole haben sich den Respekt der Ernährungswissenschaftler verschafft. In den Weintrauben und im Wein finden sich vor allem Polyphenole aus der Gruppe der Flavonoide. Zur Zeit kennt man schon etwa 4000 bis 5000 dieser Substanzen aus der Gruppe der sekundären Pflanzenstoffe, und ständig kommen neue dazu. Die Flavonoide stecken in den Schalen von Gemüse, Früchten und in den Blättern des Tees. Für die berühmten Wirkungen des grünen Tees ist auch ein Flavonoid verantwortlich: das Epigallocatechin. Die Flavonoide in der Traubenschale schützen das darunterliegende Gewebe vor Parasiten und Pilzen und dem schädlichen Einfluß der Sauerstoffmoleküle der Luft. Sie sind also für die Pflanzen natürliche Antioxidantien und schützen die Frucht vor der vorzeitigen Alterung; diese Wirkung haben sie auch beim Menschen. Sie verhindern schädigende Sauerstoffreaktionen, d. h. die Bildung sogenannter „freier Radikale" in den Körperzellen. Solche Radikalreaktionen werden für die Entstehung von Krebs, Herzkranzgefäßerkrankungen und Alterungsprozessen verantwortlich gemacht. In neueren Studien wurde nachgewiesen, daß die Flavonoide nur dann zellschützend wirken können, wenn Vitamin E vorhanden ist. Diese lebensverlängernde Wirkstoffkombination ist bei der Mittelmeerküche mit Gemüse, Öl und Fisch immer gegeben!
Für die gesundheitlichen Wirkungen von Wein macht man gleich mehrere Polyphenole verantwortlich: die Epicatechingallate, wie der Name schon sagt, nahe verwandt mit dem berühmten Wirkstoff des grünen Tees, und das Resveratrol. Resveratrol wird nur in den Außenschichten von zwei Pflanzen gebildet, der Weinrebe und der Erdnuß. Das Resveratrol bremst die Verklumpung der Blutplättchen. Es reduziert das schädliche LDL-Cholesterin und erhöht das gute HDL-Cholesterin. Damit scheint beson-

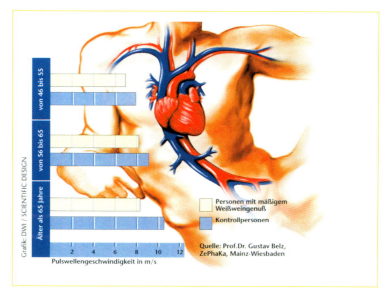

Graphik 6: Mindert Weißwein das Herzinfarktrisiko?

Abb. 16: Eine Flasche Wein zu zweit beim Essen entspricht der empfohlenen Tagesdosis.

ders das Resveratrol verantwortlich zu sein für den Schutz vor koronaren Herzerkrankungen.

Die relativ genauen Kenntnisse über einzelne Polyphenole täuschen darüber hinweg, daß vieles noch unklar ist. So sind manche Polyphenole noch gar nicht entdeckt, geschweige denn beschrieben. Auch streiten sich die Experten, ob nun Weißwein oder Rotwein wirksamer ist und welches die interessanten Anbauregionen sind.
Unser Rat: Trinken Sie den Wein, der Ihnen schmeckt. Doch sorgen Sie dafür, daß Sie immer nur Weine guter Qualität trinken. Der beste Weg zu einem guten Wein führt über einen Winzer des Vertrauens. Bei einem Besuch auf einem Weingut bekommt man schnell ein Gespür für die Qualität des Weins. Je sauberer und naturverträglicher der Winzer arbeitet, desto gesünder sein Produkt. Wenn das nicht möglich ist, besuchen Sie einen Weinhändler, der die Qualität seiner Weine hochhält. Solche Weinhandlungen oder Vinotheken gibt es inzwischen immer mehr. Die guten unter ihnen erkennt man daran, daß Sie die Weine in Ruhe und unkompliziert probieren können und daß auch preiswerte Lagen angeboten werden. Oder Sie kaufen bei Versandhäusern oder Geschäften, die auf umweltfreundliche Produkte spezialisiert sind (Adresse siehe *Seite 95*), Weine aus naturverträglichem Anbau. Man sollte aus dem Genuß keine Wissenschaft machen. Der eigene Kopf ist am nächsten Tag der unbestechliche Gradmesser für einen sauberen, ehrlichen Wein.

Nicht nur Rotwein, auch Weißwein ist gesund

In den ersten Studien zum Wein war immer nur vom Rotwein die Rede, so daß der Eindruck entstand, nur Rotwein verfüge über die besonderen gesundheitlichen Wirkungen. Der Kardiologe Prof. Dr. G. Belz aus Wiesbaden holte die Untersuchungen für den Weißwein im Auftrag der Deutschen Weinakademie nach. Die Ergebnisse dieser Pilotstudie lassen vermuten, daß auch Weißwein Schutzfunktionen für das Herz-Kreislauf-System besitzt. Nach den Erkenntnissen von Prof. Belz sind die Blutgefäße von Weintrinkern – also auch von Weißweinkonsumenten – dehnbarer und elastischer als die der Abstinenzler. Das bedeutet ein vermindertes Risiko einer Arteriosklerose und des damit verbundenen Herz- und Hirninfarktes bei regelmäßigem und maßvollem Genuß auch von Weißwein. Nach den Erkenntnissen der neueren Weinforschung liegt der Unterschied im gesundheitlichen Nutzen eher in der Qualität der Weine als in ihrer Farbe. Naturverträglich angebaute Weine haben höhere Phenolanteile als konventionell angebaute Weine. Gute und damit oft auch teurere Weine, die sauber ausgebaut, wenig geschönt und nachbehandelt sind, schmecken nicht nur besser, sie sind auch herzfreundlicher als billige Massenware. Trotz der überwiegenden Gemeinsamkeiten von Rot- und Weißwein gibt es natürlich auch Unterschiede – und die liegen im Keller: Für Rot-, Rosé- und Weißweine werden vom Winzer unterschiedliche Ausbautechniken eingesetzt. Rotwein wird „auf der Maische" vergoren, d. h. die ausgepreßten roten Weintrauben werden mit ihren Schalen bis zu 30 Tage lang zusammen vergoren. Roséweine gären dagegen nur Stunden „auf der Maische", während Weißwein als reiner Most vergoren wird, ganz ohne Traubenhäute. „Auf der Maische" ziehen Rot- und Roséweine nicht nur die rote Farbe aus den Schalen, sondern mit ihnen auch Mineralstoffe, Vitamine und Spurenelemente und die wichtigen Gerbstoffe, zu denen auch die Polyphenole gehören. Die Maischegärung konzentriert so die interessanten Inhaltsstoffe des Weins, die sich in erster Linie in und unter der Traubenhaut befinden. So wird verständlich, warum schwere Rotweine tatsächlich mehr Resveratrol beinhalten können als leichte Weißweine.

Die richtige Dosis

Nach all den guten Nachrichten stellt sich die Frage: Was versteht man denn nun eigentlich unter moderatem Weingenuß? Dazu eine Antwort mitten aus dem Leben: Sie und er sitzen gemütlich beim Abendessen zusammen. Eine Flasche Wein wird geöffnet und gemeinsam geleert. Er trinkt etwas mehr als sie, etwa zwei bis drei Gläser. Sie trinkt ein bis zwei Gläser.

Diese Situation gibt genau das wieder, worauf sich die Weinforscher einigen konnten. Denn bei Festlegung der wirksamen Dosis weichen die Meinungen erheblich voneinander ab: von einem Glas pro Tag bis zu fünf Gläsern reichen die Empfehlungen. Einig sind sich alle darin, daß Frauen weniger Wein vertragen als Männer. Das hängt einmal damit zusammen, daß Frauen oftmals kleiner sind als Männer und ihnen auch weniger Blut zur Verdünnung der Alkoholfracht zur Verfügung steht. Doch selbst bei gleicher Größe und gleichem Gewicht bleiben die Frauen benachteiligt, weil sie mehr Fettgewebe und damit weniger Körperflüssigkeit besitzen als Männer gleicher Statur. Darüber hinaus wird bei Männern ein höherer Anteil des Alkohols schon im Magen aufgespalten. Es gibt also leider tatsächlich physiologische Gründe, die bei Frauen zu einer verminderten Alkoholverträglichkeit führen.

Wein und Herz

Wein senkt das Herzinfarktrisiko. Zur Auslösung eines Infarkts müssen normalerweise zwei unterschiedliche Vorgänge zusammentreffen: eine Gefäßverengung im Herzen und ein Blutgerinnsel, das daran hängenbleibt und den Blutfluß unterbricht. Der Herzmuskel wird dann in diesem Bereich nicht mehr mit Sauerstoff versorgt, doch ohne Sauerstoff kann er nicht arbeiten – es kommt zum Infarkt. Es gilt heute als gesichert, daß moderater Weinkonsum zu einem reduzierten Herzinfarktrisiko führt, denn er erhält die Elastizität der Gefäße und verbessert die Durchblutung des Herzmuskels.

Im Wein finden sich zwei Wirkstoffklassen, die sich günstig auf Herz und Kreislauf auswirken: der Alkohol und die Polyphenole (siehe *Seite 33*). Alkohol verbessert die Cholesterinwerte im Blut, indem er den Gehalt des „guten" HDL-Cholesterins anhebt und den des „bösen" LDL-Cholesterins senkt (siehe *Seite 47 f.*). Außerdem reduziert er die Thromboseneigung, indem er die Verklumpung der Blutplättchen hemmt. Der Alkohol im Wein senkt weiterhin die Konzentration

Abb. 17: Untersuchungen legen nahe, daß Wein das Krebsrisiko mindert.

an Fibrinogen, das zur Bildung der Blutpfropfen beiträgt, und fördert die sogenannte Fibrinolyse, die Auflösung einmal gebildeter Blutgerinnsel. Alkohol wirkt außerdem gefäßentspannend – ebenfalls positiv für Herz und Kreislauf. Er fördert den Blutfluß im Herzen und vermindert sogar – bei mäßigem Genuß – den Blutdruck! Schließlich hält Alkohol die Insulinkonzentration im Blut niedrig und bei Frauen den Östrogenspiegel durch die pflanzeneigenen östrogenähnlichen Hormone, die Phytoöstrogene, hoch. Beim Wein sind das vor allem die Isoflavonoide, die zur Gruppe der Polyphenole gehören. Auch das sind Aspekte, die mit einem niedrigeren Herzinfarktrisiko in Verbindung gebracht werden.

Polyphenole haben noch weitere Wirkungen im Wein: Sie senken die Neigung zu Thrombosen, heben den HDL- und senken den LDL-Cholesterinspiegel. Sie wirken gefäßerweiternd und gefäßentspannend, senken damit den Blutdruck und beugen Gefäßverkrampfungen unter Streß vor.

Doch bei erhöhtem Alkoholgenuß droht Gefahr! Wer täglich mehr als 100 Gramm Alkohol, das entspricht etwa einer Flasche Wein (siehe *Seite 24 f.*), zu sich nimmt, der handelt sich im Durchschnitt wiederum ein erhöhtes Herz-Kreislauf-Risiko ein, höher als Abstinenzler und natürlich höher als moderate Genießer. Bei Mißbrauch kehrt sich also die Wirkung um. Eine zu hohe Alkoholzufuhr hemmt die Gerinnung des Blutes. Spontan auftretende Blutungen an einem geplatzten Äderchen im Gehirn kommen nicht zum Stillstand. Das Risiko für einen Hirnschlag steigt.

Wer täglich Polyphenole zu sich nehmen will, ist nicht gezwungen, Rot- oder Weißwein zu trinken. Die interessanten bioaktiven Stoffe finden sich auch in Traubensaft oder Multivitaminsäften. Dennoch spricht einiges für den Wein, denn die Polyphenole scheinen sich im Wein besser zu halten. Auch konserviert er die sekundären Pflanzenstoffe, so daß sie länger haltbar sind. Gibt man das am besten erforschte Flavonoid Resveratrol in Traubensaft, ist es nicht lange haltbar. Außerdem werden Resveratrol und andere Flavonoide offenbar erst durch den Gärungsprozeß in die alkoholische Form überführt, in der sie unser Körper besser aufnehmen kann.

Wein und Verdauung

Wer kennt nicht die Situation. Man sitzt gemütlich zusammen und trinkt einen trockenen Weißwein oder eine Schorle. Die Unterhaltung entwickelt sich zu einem munteren Austausch, und alle fühlen sich rundum angeregt. Das gilt für den Geist wie den Appetit und auch für die Verdauungssäfte. Auf einmal stellt sich der Hunger ein. Kleine Snacks sind hochwillkommen, und am besten paßt alles, was Fett enthält. Die Spanier haben diese Situation zu einer eigenen Eßkultur entwickelt: die Tapas-Bar. Auch die Italiener kennen den kleinen Hunger beim Wein und reichen die Antipasti, fette Wurst oder Gemüse in Öl. Dahinter steckt die jahrtausendealte Erfahrung, daß Öl die Aufnahme von Alkohol im Darm verlangsamt, Wein die Verdauungsdrüsen in Gang setzt und die Verdauungsleistung des Körpers verbessert.

Wein unterstützt die Funktion der Magensäure, erhöht die Darmaktivität und verbessert die Ausbeute an vielen wertvollen Mikronährstoffen wie Vitaminen, Mineralstoffen oder auch den interessanten Polyphenolen.

Doch damit nicht genug. Wein verhütet auch die Nierensteinbildung. In einer großen Studie an 45 000 Männern im Alter von 40 bis 75 Jahren über einen Zeitraum von sechs Jahren der Harvard-Universität in Boston bewährte sich Wein als Getränk zur Nierensteinvorbeugung, denn regelmäßiger Weinkonsum steigert den Harnfluß.

Und als besonderes Geschenk dazu: Das Geschmackserlebnis wird intensiver.

Delikate Rezepte mit Wein

Wein paßt nahezu an jedes Essen und kann sehr oft das Wasser ersetzen, was dem Wohlgeschmack und auch der Gesundheit zugute kommt. Neben trockenen Weiß- und Rotweinen eignen sich zum Kochen ganz besonders die schweren lange gelagerten Südweine wie Sherry, Madeira und Portwein. Auch wenn es verschwenderisch klingt, nehmen Sie zum Kochen die Weine, die Sie auch beim Essen trinken! Zwar verfliegt der Alkohol in der Hitze, aber die guten Inhaltsstoffe des Weins bleiben im Essen erhalten; und auf die kommt es uns an. Vergessen Sie also den Begriff „Kochwein". Es gibt keine speziellen Kochweine, sondern nur gute und schlechte Weine – und letztere gehören sicher nicht ans Essen. Außerdem, wer möchte sich schon sein gutes Essen mit einem schlechten Wein und seinen unkontrollierbaren Zutaten verderben?

Basics

Überbackene Zwiebelsuppe
(für 4 Personen)

2 große	(ca. 500 g) Zwiebeln
1 EL	Mehl
3 EL	Olivenöl
1 l	Gemüse- oder Fleischbrühe
¼ l	trockener Weißwein
	Salz, Pfeffer, etwas Cayennepfeffer einige dünne Scheiben franz. Weißbrot oder Brötchenscheiben
50-60 g	Reibekäse

Die in halbe Ringe geschnittenen Zwiebeln mit dem Mehl bestäuben und im heißen Olivenöl anbraten. Häufig umdrehen, die Zwiebeln dürfen nur hellbraun werden. Mit der Brühe ablöschen und ca. zehn Minuten kochen lassen. Den Wein kurz vor Ende der Kochzeit zufügen und nur kurze Zeit mitkochen. Je nach Geschmack die Brühe durchseihen, um die Zwiebeln zu entfernen. Die Brühe mit Salz, Pfeffer und etwas Cayennepfeffer abschmecken und in feuerfeste Tassen füllen. Das Weißbrot in dünne Scheiben schneiden, im Backofen toasten und auf die Tassen verteilen. Mit dem geriebenen Käse bestreuen und unter dem Backofengrill gratinieren. Die Suppe heiß servieren.

Abb. 18: Überbackene Zwiebelsuppe

Ochsenschwanzsuppe
(für 6-8 Personen)

2 EL	Olivenöl
1 kg	Ochsenschwanzstücke
2	mittelgroße Zwiebeln
2 EL	Mehl
2 l	Wasser oder Gemüsebrühe
½ l	Rotwein
	Salz, Pfeffer und Muskat
1 EL	grüne Pfefferkörner

Das Öl in einem großen Topf erhitzen, die Ochsenschwanzstücke rundum anbraten. Die geschälten und feingehackten Zwiebeln dazugeben, mit dem Mehl bestäuben und unter Rühren einige Minuten mitbraten. Wenn alles gebräunt ist, mit zwei Litern kochendem Wasser oder Gemüsebrühe aufgießen. Das Ganze etwa zwei Stunden köcheln lassen. Die Ochsenschwanzstücke herausnehmen und etwas abkühlen lassen. Die Fleischbrühe mit dem Rotwein verrühren, mit Salz, Pfeffer und Muskat abschmecken und die grünen Pfefferkörner dazugeben. Das Fleisch sauber von den Schwanzknochen lösen, von Fett und Sehnen befreien, in kleine Stücke schneiden, in die Suppe geben und nochmals aufkochen. Sofort servieren.

Beurre blanc

4	mittelgroße Zwiebeln
1 Glas	Weißwein
½ Glas	Weinessig
2 EL	Crème fraîche
100 g	Butter
	Salz und Pfeffer

Die Zwiebeln schälen und fein hacken. Die gehackten Zwiebeln mit dem Wein und Essig in einen Topf geben und so lange kochen, bis die Masse eingedickt ist. Dann zwei Eßlöffel Crème fraîche unterrühren und zum Schluß die Butter dazugeben, nochmals zwei Minuten unter Rühren erhitzen, mit Salz und Pfeffer abschmecken und sofort servieren. Beure blanc ist eine sehr delikate Sauce zu gedünstetem Fisch.

Wein beim Dünsten von Gemüse
Durch die Zugabe eines Glases trockenen Weißweins in das Kochwasser von Spargel oder Brokkoli wird der Geschmack verfeinert. Wenn man bei der Zubereitung von Rotkohl ein Glas Rotwein zugibt, erhält das Gemüse ein pikantes Aroma.

Das besondere Rezept

Der Fisch soll dreimal schwimmen, im Wasser, im Fett und im Wein.
(Sprichwort)

Rotwein-Matjes –
Fisch für Nordländer
(für 3 Personen)

200 g	Zwiebeln
¼ l	trockener Rotwein
⅛ l	Rotweinessig
2	Lorbeerblätter
2	Nelken
2	Wacholderbeeren
1 TL	schwarze Pfefferkörner
1 TL	Senfkörner
50 g	Zucker
6	Matjesfilets

Zwiebeln putzen und in Scheiben schneiden. Rotwein mit dem Essig und den Gewürzen kurz aufkochen. Die Zwiebeln zugeben und eine Minute leicht weitersieden, dann abkühlen lassen. Die Matjesfilets quer in etwa zwei Zentimeter breite Streifen schneiden. Zwiebeln aus dem Sud heben und abwechselnd mit den Fischstreifen in ein verschließbares Glas schichten. Sud darübergießen, bis alles gut bedeckt ist. Die eingelegten Matjes so mindestens zwei Tage ziehen lassen. Dazu passen Bratkartoffeln und Salat.

Fischfilets in Wein-Kapern-Sauce
(für 4 Personen)

1 Stange	Porree
2 kl.	Zucchini
4 EL	Olivenöl
1	Knoblauchzehe
	Salz und Pfeffer
4	Fischfilets (Seelachs, Kabeljau oder Rotbarsch)
¼ l	Weißwein
2 Meßl.	Konjac-Konzentrat
30 g	Kapern
1 EL	Senf

Das Gemüse putzen und waschen. Den Porree in feine Ringe und die Zucchini in Scheiben schneiden. Zwei Eßlöffel Öl erhitzen. Das Gemüse zusammen mit dem gehackten Knoblauch ca. zehn Minuten dünsten und mit Salz und Pfeffer abschmecken.
Die Fischfilets salzen, pfeffern, in dem restlichen Olivenöl kurz anbraten, den Weißwein dazugeben und bei geringer Hitze ca. fünf Minuten dünsten. Das

Abb. 19: Leckeren Fisch gibt es nicht nur am Mittelmeer: Rotwein-Matjes

gegarte Gemüse auf einer Platte anrichten, die gedünsteten Fischfilets vorsichtig aus dem Weinsud nehmen, auf das Gemüse legen und warmstellen. Konjac-Konzentrat in den Weinsud einrühren, die Kapern dazugeben und die Sauce mit Senf, Salz und Pfeffer abschmecken. Die Sauce über die Fischfilets geben und sofort mit Reis oder Kartoffeln servieren.

Konjac-Konzentrat: Die Konjacpflanze *Amorphophallus konjac* ist eine in Japan verbreitet kultivierte Pflanze, die auch als Teufelskralle bezeichnet wird. Aus ihrer Wurzel wird der Ballaststoff Konjac-Konzentrat gewonnen. Er besitzt pro 100 Gramm nur vier bis zwölf Kilokalorien und einen Ballaststoffgehalt von 90 %. Konjac-Konzentrat ist extrem wasserbindend und völlig geschmacklos. Es eignet sich zum Andicken von Saucen, Milchspeisen und Puddings.

Coq au vin
(für 2-4 Personen)

1	junger Hahn
1 EL	Olivenöl
	Salz, Pfeffer, Thymian
2	Knoblauchzehen
¼ l	Weißwein
2 Meßl.	Konjac-Konzentrat
100 g	Champignons
20 g	Butter

Den Hahn in portionsgerechte Stücke zerteilen, Haut teilweise entfernen Aus dem Olivenöl, Salz, Pfeffer, gehackten Knoblauchzehen, Thymian und dem Wein eine Marinade herstellen und mit dem Hähnchen in einem Bräter schichten. Bei 200 °C ca. 60 Minuten braten. Wenn Sie das Fleisch etwas knuspriger wünschen, den Herd einfach die letzten zehn Minuten der Garzeit auf Grillen stellen. Dann das Hähnchen aus dem Sud nehmen und Konjac-Konzentrat einrühren. Die geputzten Champignons werden in Butter gedünstet und dann der Sauce beigefügt. Alles noch einmal kurz durchziehen lassen, abschmecken und sofort mit knusprigem Baguette servieren.

Abb. 20: Coq au vin

Wein verleiht nahezu allen Saucen, vielen Suppen, allen Beizen und vielen Fleischgerichten dieses „je ne sais quoi", das die französische Kochkunst vor allen anderen Kochkünsten der Welt auszeichnet.

Burgunder Rindergulasch
(für 4 Personen)

ca. 1 kg	Rindfleisch
½ l	trockener Rotwein
2	Zwiebeln
1	Karotte
50 g	Knollensellerie
2	Lorbeerblätter
2	Nelken
1 Zweig	Thymian
2 EL	Olivenöl
	Pfeffer und Salz
1 TL	Speisestärke

Abb. 21: Wein-Apfelkuchen

Das Fleisch in kleine Würfel schneiden, in eine Schüssel geben und mit dem Wein aufgießen. Das Gemüse putzen, kleinschneiden, zusammen mit den Lorbeerblättern, Nelken und Thymian zum Fleisch geben und zugedeckt ca. zwölf Stunden im Kühlschrank marinieren lassen. Anschließend das Fleisch aus der Weinmarinade nehmen, gut abtropfen lassen und dann in dem Olivenöl rundum kräftig anbraten. Die gebratenen Fleischstücke pfeffern, salzen und die Weinmarinade dazugeben. Das Fleischgericht zugedeckt ca. 1½ Stunden köcheln lassen. Danach die Lorbeerblätter und Nelken aus der Sauce entfernen. Mit der in etwas Rotwein angerührten Stärke die Sauce binden und nochmals abschmecken. Das Gulasch in einer vorgewärmten Schüssel zu Weißbrot servieren.

Gelbe Grütze mit Weißwein
(für 6-8 Personen)

1 kg	reife Aprikosen oder Pfirsiche
	Saft und Schale von
	1 ungespritzten Zitrone
6 EL	Zucker
½ l	Wasser
100 g	Sago
½ l	Weißwein
	einige Minzeblätter
	zum Garnieren

Die Früchte kurz in kochendes Wasser tauchen, die Haut abziehen und den Kern entfernen. Die Zitronenschale mit dem Zucker und dem Wasser aufkochen. Sago zum Binden dazugeben und unter ständigem Rühren 15 bis 20 Minuten kochen.

Die geschälten Früchte in Streifen schneiden und mit dem Zitronensaft begießen. Den gekochten Sago zu den Früchten geben, alles gut vermischen. Zum Schluß den gekühlten Weißwein unterrühren und die Mischung ca. eine Stunde in den Kühlschrank stellen.

Die fertige Fruchtkaltschale mit einigen Minzeblättchen garnieren und kalt servieren. Die weinhaltige gelbe Grütze ist an heißen Sommertagen sehr erfrischend.

Weincreme
(für 4-6 Personen)

1 l	Weißwein
5 EL	Zucker
1 Päck.	Vanillezucker
50 g	Stärkemehl
	Saft von 1 Zitrone
3	Eier (getrennt)

Den Weißwein mit vier Eßlöffeln Zucker und dem Vanillezucker zum Kochen bringen. Das Stärkemehl mit dem Zitronensaft und etwas Wasser anrühren, dazugeben und aufkochen lassen. Das Eiweiß mit einem Eßlöffel Zucker steif schlagen, die Eidotter mit dem Eiweiß vermischen und unter die noch heiße Creme ziehen. Diese Weincreme kann als heiße Weinsuppe oder gut gekühlt als erfrischende Weincreme serviert werden.

Wein-Apfelkuchen

Für den Teig:

100 g	Butter
250 g	Mehl
75 g	Zucker
1	Ei

Abb. 22: In Wein eingelegte Paprikaschoten

Zum Verzieren:
- 100 g Schlagsahne
- 1 Päck. Vanillezucker
- 1 EL geh. Pistazien
  oder
- 1 EL Krokant

Sahne mit Vanillezucker steif schlagen und gleichmäßig auf dem Apfelkuchen verstreichen. Mit gehackten Pistazien oder Krokant verziert ist die Weinapfeltorte sehr pikant.

Finger Food

Eingelegtes in Wein

- 3 Paprikaschoten
- 2 EL Olivenöl
- 5 EL Weißwein
- 2-3 Knoblauchzehen
  Salz, Pfeffer, Kräuter der Provence

Paprika putzen, vierteln und im Backofen so lange grillen, bis die Haut Blasen wirft (ca. 30 bis 40 Minuten). Dann die Paprika mit einem feuchten Tuch kurz bedecken und die Haut pellen. Die Paprikaschoten in Streifen schneiden. Aus den restlichen Zutaten eine Marinade herstellen und das Gemüse ein bis zwei Tage marinieren.

Alle Zutaten für den Mürbeteig zu einem glatten Teig verkneten und eine halbe Stunde im Kühlschrank kühlen. Danach den Mürbeteig zu einem Kreis ausrollen, eine gefettete Springform damit auslegen und am Rand andrücken.

Für die Füllung:
- 1 kg Äpfel
- ¾ l Weißwein
- 150 g Zucker
- 1 Päck. Vanillezucker
- 2 EL Wasser oder Apfelsaft
- 80 g Speisestärke
  oder
- 2 Päck. Vanillepuddingpulver

Die Äpfel schälen, das Kerngehäuse entfernen und vierteln. Die Apfelstücke auf dem Mürbeteigboden verteilen. Den Wein mit dem Zucker und Vanillezucker aufkochen und die mit zwei Eßlöffeln Wasser oder Apfelsaft angerührte Stärke oder das Puddingpulver dazugeben, unter Rühren nochmals aufkochen lassen und über die Äpfel gießen. Ca. eine Stunde bei 180 °C backen. Den Apfelkuchen am besten über Nacht auf einem Rost auskühlen lassen.

Goldene Göttergabe: Olivenöl

„Ein Gewächs nie alternd, sich selbst entsprossen,
bestaunt vom Feind, der Stolz dieser heimischen Fluren,
grauschimmerndes Laub des ewig zeugenden Ölbaums.
Kein Junger, kein Alter wird je sich erdreisten,
an die heiligen Bäume zu legen die Hand."
(Sophokles, Ödipus auf Kolonos, 407 v. Chr.)

Seit der Antike gilt der Olivenzweig als Symbol des Lebens. Mit Olivenkränzen kündete man die Geburt eines Kindes an und feierte die Sieger der ersten Olympischen Spiele. Olivenöl ist für die Menschen des Mittelmeerraums das Geschenk der Götter. Den Griechen, so wird es in den Legenden erzählt, überbrachte die Zeus-Tochter Pallas Athene den ersten Olivenbaum. Sie sei dafür zur Schutzgöttin Athens erkoren worden. Die Fremdenführer zeigen heute den Touristen einen Olivenbaum direkt neben dem Erechtheion auf der Akropolis mit den Worten: *„Das ist das Geschenk der Göttin."*
Es gab kaum einen Lebensbereich, den das Olivenöl nicht wohltuend bereicherte: Olivenöl speiste das ruhige Licht der Lampen. Wanderer rieben sich mit Olivenöl die wunden Füße ein. Sportler salbten ihre Muskeln, und die Frauen pflegten ihre Haut mit Olivenöl. Auf den

Abb. 23: Olivenöl speiste das Licht der Lampen.

Altären der Götter stieg der Rauch von brennendem Olivenholz auf. Moses mischte auf das Geheiß Gottes ein Olivenöl, mit dem die Könige Israels gesalbt wurden. Der barmherzige Samariter versorgte die Wunden der Verletzten und *„...goß drein Öl und Wein".* Die Ärzte des Altertums rieben Narben mit Olivenöl ein und empfahlen ein warmes Bad mit Olivenöl bei Erschöpfungszuständen und Fieber. Innerlich wurde Olivenöl bei Verdauungsbeschwerden, Gallensteinen und Geschlechtskrankheiten angewendet. Die alte Mittelmeerkultur stellt sich also in weiten Bereichen als Ölbaum-Kultur dar. Hier ein kurzes Rezept:

„Aufhellendes" Massageöl

1 l	Olivenöl
2 Handvoll	frische Johanniskrautblüten (Ernte Juni, Juli)

Die Blüten in einem Mörser zerquetschen, bis das rote, ätherische Öl heraustropft. Das Olivenöl darübergießen und alles zusammen in einem hellen Glasgefäß sechs Wochen im Licht stehenlassen. Besonders geeignet sind Fensterbänke an der Südseite des Hauses. Danach abseihen und in dunkle Gläser oder Keramikflaschen abfüllen.

In die Haut einbalsamiert hilft das Öl äußerlich gegen Krämpfe, innerlich eingenommen gegen leichte Verstimmungen und Depressionen. Dazu nimmt man zweimal täglich nach dem Essen fünf Tropfen Öl auf Zucker.

Doch auch heute noch stellt die Olive und vor allem ihr goldengrüner Saft etwas ganz Besonderes dar und ist zum Liebling moderner nüchterner Ernährungswissenschaftler aufgestiegen. Diese loben das Olivenöl als wertvollstes Lebensmittel nach der Muttermilch, seinen hohen Anteil an einfach ungesättigten Fettsäuren, Vitamin A und E, Eisen, Phosphor, Spurenelementen und Mineralien. Olivenöl ist leicht verdaulich, regt Verdauung und Gallentätigkeit an und schützt die Magenschleimhäute. Olivenöl verbessert die Leberfunktion und senkt den negativen Anteil der Blutfettwerte. Wissenschaftler rühmen das Olivenöl als starke Waffe gegen Herz-Kreislauf-Erkrankungen und sogar gegen Krebs. Der hohe Verzehr von Olivenöl guter Qualität ist sicherlich mitverantwortlich für die geringe Zahl an Herz-Kreislauf-Krankheiten bei den Bewohnern des Mittelmeerraums.

Der Pro-Kopf-Verbrauch von Olivenöl liegt in Griechenland bei 21 (!) Litern im Jahr. In unseren Küchen findet es mehr und mehr Einzug, da man inzwischen weiß, daß man mit Olivenöl auch braten und kochen kann (siehe *Seite 48*). Entsprechend liegt der Verbrauch mittlerweile bei 0,8 l pro Kopf und Jahr. Doch die westlichen Länder holen auf. Seit die Feinschmecker den gesundheitlichen Wert eines guten Olivenöls kennengelernt haben, haben sie das Olivenöl „neu" entdeckt. Selbst die Japaner, in deren Küche Olivenöl eine unbekannte Substanz war, haben 1998 30 000 Tonnen des wertvollen Öls importiert.

Abb. 24: Olivenöl: zu Recht der neue Liebling der Ernährungswissenschaftler.

Die Macht der Fette

Jahrzehntelang wurde bei allen Diäten und Ernährungsempfehlungen immer als erstes gefordert: Fett reduzieren! In Amerika nahm die Angst vor Fett teilweise hysterische Züge an. Fast jedes Nahrungsmittel, die Getränke, alles gibt es auch in der „low fat"-Version, fettreduziert. Scheinbar mit Erfolg: Die US-Bürger decken nur noch 34 % ihres täglichen Kalorienbedarfs durch Fette. In den sechziger Jahren waren es noch 44 %. Demnach müßten alle Amerikaner heute schlanker und gesünder sein als früher. Doch das Gegenteil scheint der Fall. Schon der optische Eindruck belegt: Es gibt nirgendwo auf der Welt so viele Menschen mit chronischen Gewichtsproblemen wie in den USA. Die Zahl der Fettsüchtigen hat in den siebziger Jahren um 50 % zugenommen. „*Die Angst vorm Fett hat Amerikas Hüftspeck wachsen lassen*", formulierte die „New York Times". Nun schlagen die Wissenschaftler Alarm und sprechen von einer „Epidemie" der Fettsucht.

Die Ratschläge von gestern werden in Frage gestellt. Als Ursache des Übels „zuviel Fett" haben die Ernährungswissenschaftler ausgerechnet die einseitige Verteufelung des Fetts ausgemacht. Denn Fett im menschlichen Körper – das ist offensichtlich mehr als eine Speichersubstanz für überflüssige Kalorien. Der Körper verlangt nach Fett, er braucht Fett für viele überlebenswichtige Stoffwechselvorgänge. Deshalb raten heute Ernährungswissenschaftler zu Fett in Maßen, und zwar bevorzugt zu Olivenöl!

Fett – eine verkannte Substanz

Fette erfüllen im Körper eine Vielzahl von Aufgaben, die keine andere Substanz übernehmen kann. Bei streng fettarmen Diäten können deshalb schwere Mangelerscheinungen auftreten. Die Infektionsgefahr steigt. Besonders empfindlich reagiert der Körper bei unzureichender Aufnahme der sogenannten essentiellen Fettsäuren, das sind für den Körper unentbehrliche Fettsäuren. Sie können vom Organismus nicht selbst synthetisiert werden und müssen, ähnlich den Vitaminen, regelmäßig von außen mit der Nahrung zugeführt werden. Ein Mangel an essentiellen Fetten führt zu ganz erheblichen Störungen im Stoffwechselgeschehen. Viele Pflanzenöle und besonders auch das Olivenöl liefern diese unentbehrlichen Verbindungen.

Fette sind ein idealer Energiespender, denn sie haben mit etwa neun Kilokalorien (kcal.) pro Gramm einen mehr als doppelt so hohen Energiegehalt wie Kohlenhydrate und Proteine, die nur etwa vier Kilokalorien pro Gramm liefern. Im Grunde genommen ist Fett eine geniale Erfindung der Evolution. Fettmoleküle speichern auf kleinstem Raum jede Menge Energie. In harten Wintern und bei Hungersnöten war der Fettvorrat ein wichtiger Überlebensvorteil. Doch die Menschen der reichen Industrienationen kennen keine Mangelzeiten mehr.

Fette spielen weiterhin eine wichtige Rolle beim Aufbau der Zellmembranen, sie stellen die Ausgangsstoffe für die Synthese von Hormonen und Neurotransmittern, den Botenstoffen der Nervenzellen. Fette dienen außerdem als Lösungsmittel und Transporteure für die wichtigen Vitamine A, D, E und K. Nur in Anwesenheit von Fett kann die Darmschleimhaut diese Vitamine aufnehmen und dem Körper zur Verfügung stellen. Man nennt diese Vitamine daher „lipophil", was soviel bedeutet wie „fettliebend". Auch die Moleküle der Aromastoffe entfalten erst in Gegenwart von Fett ihre volle Wirkung. Nicht zuletzt aus diesem Grunde schmeckt ein Essen mit Fett immer besonders gut.

Abb. 25: Deutliches Übergewicht gerade durch sogenannte „low fat"-Produkte?

Woran erkennt man ein gutes Olivenöl?

Wenn es auf diese Frage eine einfache Antwort gäbe, wären wir schon ein Stück weiter. Laut EU-Kommission wurde kein Lebensmittel häufiger manipuliert, gefälscht und falsch deklariert als Olivenöl. Diese Entwicklung hatte viele Ursachen. Die Preisunterschiede – schon zwischen einem hochwertigen und einem guten Öl – sind enorm. Sie können allein bei einem Liter 10 € betragen, denn erstklassige Olivenöle können – genau wie gute Weine – aufgrund ihres aufwendigen Herstellungsprozesses nicht billig sein.
Je enger das Anbaugebiet eingegrenzt ist und je mehr Verbraucher die dort geleistete Verarbeitung schätzen, desto höher kann der Preis ausfallen. Preiswertere native Olivenöle sind zumeist Mischungen aus verschiedenen Ländern des Mittelmeers.

Was macht das Olivenöl so wertvoll?

Ein wenig Fettchemie kann bei dieser Frage weiterhelfen. Speiseöle und Speisefette sind chemisch betrachtet eng verwandt. Sie bestehen zu großen Teilen aus den sogenannten „Triglyceriden". Beim Triglycerid sind drei Fettsäuren an ein Glycerinmolekül – das ist ein dreiwertiger Alkohol – gebunden (siehe *Grafik 7*). Fettsäuren bestehen aus Kohlenstoffketten, an denen Sauerstoff- und Wasserstoffatome angelagert sind. Ob diese Verbindung nun als festes Fett oder als

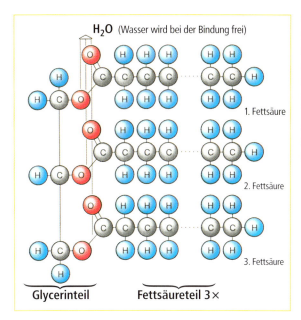

◀ *Grafik 7: Glycerin kann drei Fettsäuren binden. Dann bildet sich unter Freigabe von Wasser ein Triglycerid, der Hauptbestandteil der Fette und Öle.*

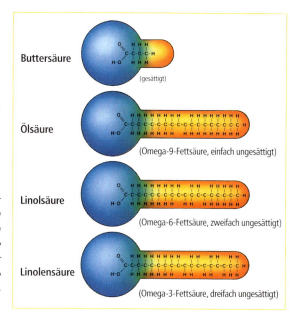

Grafik 8: ▶ Fettsäuren unterscheiden sich in der Länge sowie in der Anzahl und Lage ihrer Doppelbindungen.

flüssiges Öl vorliegt, ist zum einen von der Länge der verschiedenen Fettsäuren und zum anderen von der Art der Kette abhängig. Kurze Fettsäuren bedingen feste Fette, lange Fettsäuren verflüssigen ein Fett. Entscheidend für die gesundheitliche Qualität eines Fettes ist jedoch nicht die Länge der Ketten, sondern die Bindungen der Fettsäuren. Sie entscheiden darüber, ob es sich um gesättigte oder ungesättigte Fette handelt.

Der Ausdruck ungesättigt meint, daß die Kohlenstoffkette der Fettsäure eine Doppelbindung enthält. Nun gibt es aber einfach, doppelt und mehrfach ungesättigte Fettsäuren. Einfach ungesättigte besitzen eine Doppelbindung, doppelt ungesättigte zwei und mehrfach ungesättigte Fettsäuren sogar noch mehr Doppelbindungen. Um die Lage dieser zu charakterisieren, benutzen die Wissenschaftler den griechischen Buchstaben Omega. Mit diesem bezeichnet man das letzte Kohlenstoffatom am Ende der Fettsäurekette, quasi ihren Schwanz. Das letzte Kohlenstoffatom dieser Kette, Omega, trägt die Ziffer 1. Von hier zählt man die Kohlenstoffatome in Richtung Kopf – der Säuregruppe – bis zur ersten Doppelbindung. Geht das dritte Kohlenstoffatom eine Doppelbindung ein, spricht man von einer Omega-3-Fettsäure, beim sechsten in Richtung Kopf von einer Omega-6- und beim neunten von einer Omega-9-Fettsäure (siehe *Grafik 8*). Früher nahm man fälschlicherweise an, nur mehrfach ungesättigte Fettsäuren seien wertvoll für den menschlichen Organismus. Heute weiß man, daß gerade die einfach ungesättigten Fettsäuren in Kombination mit mehrfach ungesättigten Fettsäuren gesund sind.

Olivenöl verfügt über eine ideale Fettsäuren-Zusammensetzung. Es besteht zu etwa 78 % aus einfach ungesättigten Fettsäuren, hauptsächlich der Ölsäure, und zu etwa 12 % aus mehrfach ungesättigten Fettsäuren. Olivenöl enthält nur 10 % gesättigte Fettsäuren.

Freie Fettsäuren als negatives Qualitätsmerkmal

Bei der Ernte der Oliven können die Früchte verletzt werden. Kratzer, Druck und langes Liegen am Boden schadet den Früchten. Zwischen Reife und Pressung kommt es in der Olive zur Bildung von freien Fettsäuren (gemessen als Ölsäure), welche die Qualität des Olivenöls beeinträchtigen kann. Bei verletzten oder am Boden liegenden Früchten verstärkt sich diese freie Fettsäure. Ein geringer Gehalt freier Fettsäuren gilt deshalb als Qualitätsmerkmal und zeugt von schonender Verarbeitung.

Beim Olivenöl gibt es drei Güteklassen, die sich u. a. durch den Anteil an freien Fettsäuren je 100 g unterscheiden.

❍ Natives Olivenöl Extra, max. 1,0 % Säure (ab 1. 11. 2003: 0,8 %)

❍ Natives Olivenöl, max. 2 % Säure

❍ Olivenöl, bestehend aus raffiniertem und nativem Olivenöl, Säure max. 1,5 % (ab 1. 11. 2003: 1%)

Nur bei sorgfältiger und vorsichtiger Ernte und sofortiger Pressung der Oliven noch am selben Tag sind die niedrigen Werte erreichbar. Native Olivenöle sind naturbelassene Produkte, die einem strengen Kontrollverfahren unterliegen. Wird dabei nur ein Wert überschritten, muß das Öl einer anderen Vermarktungsstufe zugeführt werden.
Nach einer chemisch-physikalischen Reinigung darf ein Öl nur noch in der Güteklasse „Olivenöl" vermarktet werden.

Die Angabe der Säurezahl auf dem Etikett von nativen Olivenölen ist in Zukunft nur gestattet, wenn gleichzeitig 3 weitere Parameter genannt sind.
1. Peroxidzahl, sie gibt den Grad der Peroxidation an und darf 20 meq O_2/kg nicht überschreiten
2. Der Wachsgehalt zur Erkennung, ob das Öl fälschlicherweise mit Oliventresteröl vermischt wurde (max. 250 mg/kg)
3. Extinktionskoeffizient, aus dem Oxidationswerte und evtl. Mischungen mit raffinierten Olivenölen erkenntlich sind.

Wirklich gute Öle werden bei ihrer Herstellung nie über 30 °C erhitzt. Diese niedrigen Temperaturen bei der althergebrachten Behandlung mit Steinmühlen und Preßmatten schützen die empfindlichen Inhaltsstoffe des Olivenöls auf besondere Weise. Näheres dazu finden Sie in unserem Hobbythekbuch „Essig & Öl".
Heute kann man durch Analyseverfahren feststellen, wie hoch ein Öl erhitzt wurde. Die Temperaturen hinterlassen in dem Öl sozusagen eine Wärmespur. Mit der Analysemethode UV-Photospektrometrie kann diese Wärmespur gelesen werden. Das Wort „kaltgepreßt" darf in Zukunft bei nativen Olivenölen nicht mehr verwendet werden, wenn die Pressung bei mehr als 27 °C erfolgt ist.

*Grafik 9:
Ernte und Pressung von Olivenöl*

Kaltpressung ist eben nicht gleich Kaltpressung und ein Natives Olivenöl Extra auch nicht immer das, was man sich darunter vorstellt.

Ein gutes Olivenöl ist ähnlich schwierig einzukaufen wie eine gute Flasche Wein. Von beiden finden sich im Supermarkt Regale voll der besten Güteklasse – und das zu fast jedem Preis. Entscheidend sind der Geschmack und der Anspruch des einzelnen. Teurere native Olivenöle kommen meist aus kleinen oder geschützten Anbaugebieten und liegen schon mal bei 15 € und mehr. Discounter bieten die Güteklasse um die 3 bis 4 € an. In diesem Fall gibt es kaum einen Ursprungshinweis, und der Abfüllort sagt nicht viel über die Herkunft der Oliven. Native Olivenöle unterliegen seit dem 1. 9. 2002 auch strengen Vorschriften hinsichtlich fehlerlosem Geruch und Geschmack. Zur objektiven Beurteilung wird hierzu ein sensorisches Panel (8-12 geschulte Tester) eingesetzt, das auch in der Lage ist, typische Fehler wie stichig, modrig, schlammig, ranzig zu analysieren.

In der Geschichte der Hobbythek hat sich immer wieder die Situation ergeben, daß Produkte nicht so einfach im nächsten Laden zu kaufen waren. Wir haben dann immer versucht, Ihnen Wege zu öffnen; entweder über die Geschäfte, die sich bereit erklärt haben, unsere empfohlenen Produkte zu führen, oder über Bezugsadressen, die an Endverbraucher liefern. Auch beim Olivenöl stehen wir wieder vor der Situation, daß wir die normale Lebensmittelkontrolle nicht für ausreichend erachten. Sie kann zwar sicherstellen, daß das Produkt unschädlich ist, aber uns geht es ja um mehr. Wir wollen sicher sein, daß uns die gesundheitsfördernden und krankheitsvorbeugenden Inhaltsstoffe in vollem Umfang zur Verfügung stehen. Dazu muß man den Weg des Olivenöls bis zum Erzeuger zurückverfolgen können. Gute Produzenten geben von sich aus eine detaillierte Produktdeklaration, die weit über das offiziell geforderte hinausgeht, und stehen dafür ein. Folgende Angaben können Sie erwarten:

Eine genaue Produktdeklaration schützt vor Betrug.

- Name und Anschrift des Produzenten
- verarbeitete Olivensorte
- Anbaugebiet
- Erntejahrgang
- Zeitpunkt der Abfüllung
- exakter Säuregrad
- Peroxidzahl
- Ergebnis der UV-Photospektrometrie

Doch ebenso wichtig wie alle Zahlen und Werte ist der Geschmack und Duft des Olivenöls! Gesundheit und Genuß sollen auch hier zusammenkommen. Dazu muß man das Olivenöl unbedingt pur verkosten. Man trinkt das handwarme Öl aus einem kleinen Schnapsglas oder tropft es auf ein Stück frisches Weißbrot. Es soll auch so schon fruchtig und angenehm schmecken und riechen!
Olivenölfans trinken ihr Lieblingsöl pur aus der Flasche!

Warum Olivenöl so gesund ist

Früher war es üblich, den Patienten mit einem erhöhten Risiko für Herz-Kreislauf-Krankheiten eine fettreduzierte Ernährung zu empfehlen. Das funktionierte oft nicht, weil den Betroffenen das fettarme Essen nicht schmeckte. Außerdem konnte so auch das Risiko für Herzinfarkt und Schlaganfall nicht wesentlich gesenkt werden. Was man damals nicht wußte: Fett ist nicht gleich Fett.
Dieselbe Erfahrung machten Ärzte und Patienten auch mit dem Cholesterin. Cholesterin ist nicht an sich gefährlich – im Gegenteil: Es ist so wichtig, daß es vom Körper selbst hergestellt wird, damit kein Mangel entsteht. Cholesterin ist die Voraussetzung für die Produktion vieler Hormone, vor allem von Sexual- und Streßhormonen, und auch von Vitamin D (siehe *Seite 13*). Cholesterin hält die Zellmembranen geschmeidig und schützt die Nerven. Es gibt nur wenige Stoffe im Körper, die so vielfältige und positive Aufgaben erfüllen wie das Cholesterin.
Heute unterscheidet man zwischen dem „guten" HDL-Cholesterin, dem „high density lipoprotein", das bedeutet Lipoproteine hoher Dichte, und dem „schlechten" LDL-Cholesterin, dem „low density lipoprotein", also Lipoproteine geringer Dichte. Seit einigen Jahren weiß man, daß nur das LDL-Cholesterin schädlich ist.

Die LDL-Lipoproteine transportieren das Cholesterin von der Leber zu den Zellen. Gibt es ein Überangebot von LDL-Cholesterin, so lagert es sich an den

Arterienwänden an und verengt sie. Durch ein Blutgerinnsel kommt es zum Verschluß der Arterie. Die HDL-Proteine dagegen schützen vor Arteriosklerose, indem sie überschüssiges Cholesterin aus den Zellen zurück zur Leber transportieren, wo es abgebaut werden kann. Das bedeutet: Nicht der Gesamtcholesterinspiegel allein ist ausschlaggebend, sondern auch das Verhältnis von LDL- und HDL-Cholesterin. Früher klingelten schon die Alarmglocken bei einem Gesamtcholesterinspiegel von 200 Milligramm pro Deziliter Blut (mg/dl). Heute geht man von einem Mindestwert an HDL-Cholesterin von 35 bis 45 mg/dl aus und einem Maximalwert vom LDL-Cholesterin von 135 mg/dl.

Am besten ist also die Ernährung, die das „böse" Cholesterin senkt und das „gute" Cholesterin anhebt. Und das ist genau der Effekt, der für das Olivenöl nachgewiesen werden konnte. Durch die einfach ungesättigten Fettsäuren im Olivenöl sinkt der LDL-Cholesterinspiegel, während der HDL-Spiegel leicht ansteigt. Olivenöl enthält außerdem eine Substanz mit dem Namen „Oleuropein" – sie ist verantwortlich für seinen leicht bitteren Geschmack –, die den Blutdruck senkt, indem sie die Arterien weitet. Weiterhin enthält Olivenöl Vitamin E in hoher Konzentration, das vorzeitiger Alterung und Herz-Kreislauf-Erkrankungen vorbeugt.

Kochen mit Olivenöl

Es versteht sich von selbst, daß alle folgenden Rezepte mit hochwertigem Olivenöl hergestellt werden. Nur so kann man auf die erhofften gesundheitlichen Wirkungen rechnen. Ein gutes Olivenöl ist ein Grundnahrungsmittel und sollte immer vorrätig sein. Denken Sie aber daran, daß Olivenöl licht- und wärmeempfindlich ist! Halten Sie Ihren Vorrat daher so knapp wie bei einem frischen Lebensmittel und bewahren Sie es an einem lichtgeschützten Ort auf.

Früher hat man das Olivenöl in Wellblechkanistern aufbewahrt. Die geschlossenen Behälter schützen das wertvolle Öl vor der schädlichen, die Oxidation des Öls anregenden UV-Strahlung, gleichzeitig wird die Außenwärme von der glänzenden Oberfläche reflektiert. Eine gute Idee, die zu Unrecht aus der Mode gekommen ist. Einige Olivenöl-Anbieter haben die bewährte Verpackung allerdings wieder in ihr Sortiment aufgenommen. So aufbewahrt kann man sich seinen Jahresvorrat getrost nach Hause holen, von Erntezyklus zu Erntezyklus.

Olivenöl gehört nicht in den Kühlschrank, denn dort flockt es weiß aus. Das Öl klart zwar bei Zimmertemperatur wieder auf, doch die Fruchtteilchen schlagen sich am Boden nieder und können nicht mehr aufgeschüttelt werden. Das darin enthaltene wertvolle Vitamin E geht so verloren. Trübes (ungefiltertes) Olivenöl ist dagegen ein Anzeichen für ein naturbelassenes Produkt, ähnlich dem naturtrüben Apfelsaft. Die Schweb- und Trübstoffe sind kleine Fruchtfleischteilchen, die besonders viel Vitamin E enthalten. Vitamin E hat nicht nur im Körper eine antioxidative Wirkung; es zögert auch beim Olivenöl den Alterungsprozeß, also das Ranzigwerden, hinaus.

Die Hobbythek hat ein Mittel initiiert, das die Haltbarkeit von Ölen um ca. sechs Monate verlängert. Mit unserem **Antiranz** nutzen wir die Tatsache, daß Vitamine Radikale einfangen und damit auch die Entstehung von Peroxiden verhindern. Dies wird durch die hohen Vitamin-C- und -E-Dosierungen gewährleistet. Zusätzlich enthält Antiranz noch einen Speiseemulgator, der dafür sorgt, daß sich unser Mittel gut im Öl löst. Wir empfehlen, jedes frisch gekaufte Öl durch den Zusatz von Antiranz vor dem Ranzigwerden zu schützen. Pro 100 Milliliter Öl sollten vier Tropfen, pro Liter 40 Tropfen Antiranz zugegeben werden. Antiranz muß im Kühlschrank aufbewahrt werden. Entgegen verbreiteten Vorurteilen kann man mit Olivenöl auch braten, denn man kann es bis auf 180 °C erhitzen. Erst bei Temperaturen über 190 °C beginnen Zersetzungsprozesse, die wertvolle Inhaltsstoffe zerstören. Diese kritische Grenze läßt sich ganz einfach vermeiden, wenn man auf den Rauchpunkt achtet. Dieser markiert genau den Übergang vom vollwertigen Olivenöl zur Zersetzung von Aromen und Inhaltsstoffen. Also: Rauchpunkt vermeiden!

Stellen Sie eine Flasche bestes Olivenöl auf den Eßtisch und ersetzen Sie die Butter so oft wie möglich durch Olivenöl. Es gibt nichts köstlicheres als einige Tropfen Olivenöl auf frischem Weißbrot.

Verwenden Sie bei all unseren Rezepten „Olio extra vergine". Da man sich auf diese Kennzeichnung aber nur bedingt verlassen kann, achten Sie bitte auf die erweiterten Qualitätsmerkmale (siehe *Seite 47*) oder verwenden Sie Öle von unseren empfohlenen Bezugsadressen im Anhang.

Basics

Die klassische Vinaigrette

4 EL	Essig
1 TL	Senf
2	Schalotten oder Zwiebeln
	frischgepreßte Knoblauch-
	zehen
	Salz
	schwarzer Pfeffer,
	frisch gemahlen
1 Prise	Zucker
12 EL	Olio extra vergine

Zuerst den Essig in eine Schüssel geben, den Senf, Schalotten- oder Zwiebelwürfel, Knoblauch und die Gewürze gründlich unterrühren. Alles etwas ziehen lassen. Diese Reihenfolge ist wichtig, denn nur im Essig können die Gewürze ihre Aromen frei entfalten. Zum Schluß das Olivenöl unter ständigem Rühren hinzufügen. Das Öl kommt immer erst zuletzt dazu, denn der Ölfilm legt sich über die Poren von Zwiebeln, Knoblauch und Gewürzen und behindert den Aromaaustausch.

Olivenöl-Kartoffeln
(für 4 Personen)

1,2 kg	festkochende Kartoffeln
	einige kleine Zweige Oregano, Rosmarin, Lavendel, Thymian, Salbei
6 EL	Olio extra vergine
	Salz, schwarzer Pfeffer, grob gemahlen

Die Kartoffeln gründlich waschen und mit Küchenkrepp trocknen. Längs halbieren und mit der aufgeschnittenen Seite nach oben auf ein geöltes Backblech setzen. Die Kräuter auf die Schnittflächen streuen und mit dem Olivenöl beträufeln. Mit Pfeffer und Salz würzen. Bei 200 °C etwa 45 Minuten backen. Die Olivenöl-Kartoffeln passen zu Fisch und Fleisch, sind aber auch solo eine Köstlichkeit!

Abb. 26: Oliven lassen sich sehr schmackhaft marinieren.

Marinierte Oliven

1	unbehandelte Zitrone
500 g	grüne Oliven mit Kern
je 1 kl.	Zweig Thymian, Oregano, Rosmarin
2 kl.	rote Chilischoten
1 TL	schwarzer Pfeffer, grob gemahlen oder im Mörser gestoßen
	Olio extra vergine

Die Zitrone mit heißem Wasser waschen, trockenreiben und dann eine Hälfte vierteln und in dünne Scheiben schneiden.

Abb. 27: Ein Mörser ist für viele Rezepte der Mittelmeerküche ein praktisches und dekoratives Requisit.

Die Knoblauchzehen abziehen. Oliven, Knoblauch, Kapern, Pflaumen und Öl mit dem Schneidstab des Handrührers gründlich pürieren. Mit dem Portwein und Pfeffer abschmecken. Die Tapenade paßt zu geröstetem Brot und einem Glas leichten Rotwein. Mit Olivenöl bedeckt kann man sie mehrere Wochen im Kühlschrank aufbewahren.

Eingelegter Schafskäse
(für 2-4 Personen)

```
       5      Knoblauchzehen
   250 g      Schafskäse
       2      Lorbeerblätter
  2 getr.     Chilischoten
    1 TL      schwarzer Pfeffer,
              grob gemahlen
    1 TL      Kräuter der Provence
     ¼ l      Olio extra vergine
```

Die Knoblauchzehen schälen und in dünne Scheibchen schneiden. Den Schafskäse in ein kleines Einmachglas legen. Knoblauch, Kräuter und Gewürze hinzufügen und dann das Olivenöl darübergießen. Ca. eine Woche im Kühlschrank ziehen lassen. Der eingelegte Schafskäse ist etwa vier Wochen haltbar.

Grüne Bohnen mit Knoblauch
(für 2 Personen)

```
   500 g      grüne Bohnen
    1 TL      Salz
    6 EL      Olio extra vergine
     2-3      Knoblauchzehen
              Pfeffer
    1 TL      Petersilie, gehackt
```

Die Bohnen sollten so frisch wie möglich sein und sofort zubereitet werden. Die Bohnen waschen, die beiden Enden der Bohnen abschneiden und vorhandene Fäden abziehen. Die Bohnen in sprudelnd kochendem Salzwasser ca. 15 Minuten kochen und in einem Sieb gründlich abtropfen lassen. Das Olivenöl in einem Topf erwärmen, aber nicht zu stark erhitzen und die gehackten Knoblauchzehen darin dünsten, jedoch nicht bräunen. Die abgetropften Bohnen dazugeben und mit dem Öl vermischen. Mit Pfeffer und eventuell noch etwas Salz abschmecken. Mit der gehackten Petersilie bestreut in einer vorgewärmten Schüssel als Gemüsebeilage servieren.

Gebratener Schafskäse
(für 1 Person)

```
1 Scheibe   (ca. 150 g) Schafskäse
        1   verschlagenes Ei
            Semmelbrösel zum Panieren
            Olio extra vergine zum Braten
```

Schafskäsescheiben zuerst auf beiden Seiten mit Ei bestreichen und dann mit den Semmelbröseln panieren. Die panierten Schafskäsescheiben in heißem Olivenöl goldgelb backen. Mit Pesto

Die andere Hälfte auspressen. Alle Zutaten in eine kleine Schüssel geben und mit Olivenöl soweit aufgießen, daß die Oliven ganz bedeckt sind. Mindestens eine Woche lang ziehen lassen.

Tapenade – Schwarze Olivenpaste

```
       5      Knoblauchzehen
   300 g      entsteinte schwarze Oliven
    1 EL      Kapern
       4      Trockenpflaumen ohne Stein
    3 EL      Olio extra vergine
    1 EL      Portwein
              schwarzer Pfeffer,
              fein gemahlen
```

Abb. 28: Gebratener Schafskäse

(siehe *Seite 61*) oder Tzatziki (siehe *Seite 61*) oder Tomatensalat servieren.

Das besondere Rezept

Gebratene Rotbarben
(für 6 Personen)

6 frische	Rotbarben à ca. 120 g
	Salz, Pfeffer, frisch gemahlen
2	unbehandelte Zitronen
¼ l	Olio extra vergine
	etwas Mehl

Die ausgenommenen küchenfertigen Rotbarben (Fischhändler) waschen und mit Küchenkrepp gründlich trockentupfen. Rundum salzen und pfeffern. Teller vorwärmen, Zitronen in Scheiben schneiden, das Olivenöl in einer großen Pfanne erhitzen und Mehl auf einen Teller geben. Die Fische darin wenden und abklopfen, so daß überflüssiges Mehl abfällt. Dann die Rotbarben in das heiße Öl geben und auf jeder Seite etwa zwei Minuten knusprig goldbraun braten. Die Fische sofort auf den vorgewärmten Tellern servieren, mit den Zitronenscheiben garnieren.

Pikanter Auberginenauflauf
(für 4 Personen)

ca. 1 kg	Auberginen
¼ l	Olio extra vergine
3	Knoblauchzehen
4	Zwiebeln
4	Fleischtomaten
	Salz, Pfeffer und Tabasco
2 EL	Semmelbrösel
	einige Basilikumblättchen

Auberginen in Scheiben schneiden, salzen, eine halbe Stunde ziehen und dann in einem Sieb abtropfen lassen. Das Olivenöl in einer Pfanne erhitzen und die abgetropften Auberginenscheiben nacheinander darin hellbraun anbraten und aus der Pfanne nehmen. Knoblauchzehen und Zwiebeln schälen, die Knoblauchzehen fein hacken und die Zwiebeln in Ringe schneiden. Knoblauch und Zwiebeln in dem Bratöl hellgelb rösten. In einer feuerfesten Form die gebratenen Auberginenscheiben abwechselnd mit der Zwiebel-Knoblauch-Masse schichten. Die Tomaten kurz mit kochendem Wasser überbrühen, häuten, von den Stielansätzen befreien und in kleine Würfel schneiden. Die Tomatenwürfel als oberste Schicht in die Auflaufform geben, mit Salz, Pfeffer und einigen Tropfen Tabasco würzen und mit Semmelbröseln bestreuen. Das restliche Olivenöl aus der Pfanne über die Semmelbrösel gießen. Den Auflauf ca. eine Stunde bei 180 °C backen. Vor dem Servieren mit Basilikumblättchen garnieren. Der Auflauf kann warm oder kalt gegessen werden.
Tip: Dieser Auflauf schmeckt auch hervorragend mit Zucchini.

Finger Food

Eingelegte Zucchinischeiben

2	Zucchini
	Salz
	Saft von 1 Zitrone
¼ l	Olio extra vergine
6	Knoblauchzehen
	einige Spritzer Tabasco

Zucchini waschen, die Stielansätze entfernen und in Scheiben schneiden. Die Scheiben mit Salz bestreuen und mit Zitronensaft beträufeln. Einige Eßlöffel Olivenöl in einer Pfanne erhitzen und die Zucchinischeiben nacheinander von beiden Seiten goldgelb braten.
Die Knoblauchzehen schälen und in dünne Scheibchen schneiden. Die gebratenen Zucchini- und Knoblauchscheiben abwechselnd in ein Einmachglas schichten. Restlicher Zitronensaft, einige Spritzer Tabasco und restliches Olivenöl dazugeben. Das Glas verschließen und kalt stellen. Auf diese Weise können Sie auch Auberginenscheiben einlegen.

Die Knolle gegen das Altern: Knoblauch

*„Dies für den und das für jenen.
Viele Tische sind gedeckt.
Keine Zunge soll verhöhnen,
was der andern Zunge schmeckt."*
(Wilhelm Busch, 1832 – 1908)

Göttlich finden ihn die einen – grenzenlos abstoßend die anderen. Kaum ein Lebensmittel, an dem sich die Geister so scheiden wie beim Knoblauch. Schon aus der Antike sind uns Verbote überliefert, die Menschen mit Knoblauchfahne auf Abstand halten sollten. In vielen Hochkulturen war in den „besseren Kreisen" der Knoblauchgeruch verpönt. Tempel und andere öffentliche Gebäude durften nach dem Genuß von Knoblauch nicht mehr betreten werden.
Bis lange in die Nachkriegszeit rümpfte man auch bei uns bei Knoblauch und Zwiebeln die Nase. Beides galt als „anrüchig" und war der deftigen Küche „niederer" Stände vorbehalten. In Mathilde Ehrhardts „Grosses Illustriertes Kochbuch für den einfachen bürgerlichen und den feineren Tisch", erschienen 1904 in Berlin, finden sich unter den über 2000 Rezepten nur drei(!), in denen Knoblauch verwendet wird.
Doch schroffe Ablehnung und selbst jede Menge Verbote konnten den Siegeszug des Knoblauchs nicht unterbinden.
Gerade in Deutschland ist die Beliebtheit der „stinkenden Rose" in den letzten Jahren enorm gewachsen. Urlaube im Ausland und die vielen guten ausländischen Lokale, die bis ins letzte Dorf vorgedrungen sind, haben dem Knoblauch einen Beigeschmack vom guten Leben gegeben, den er früher nicht hatte. Das Tübinger Wickert-Institut fand 1995 in einer Umfrage heraus: 30 % der befragten Deutschen gaben an: „Ohne Knoblauch in der Küche läuft gar nichts." 52 % verwenden Knoblauch mäßig, aber regelmäßig. Nur 18 % befanden: „Knofel, nein danke!"

Geruch und Wirksamkeit

Niemand kann sich heute mehr den Erkenntnissen der Wissenschaftler verschließen, welche die positiven Wirkungen des Knoblauchs auf den Organismus zweifelsfrei nachgewiesen haben. An dieser Front gibt es keine Diskussionen mehr über das „Ja" oder „Nein" zum Knoblauch, höchstens noch über Funktion und Ausmaß der Wirkungen.
Für diejenigen, die sich noch immer an dem Geruch stören, haben wir uns die Mühe gemacht, all die Tips und Tricks – quer durch Zeit und Kulturen – zu sammeln, wie man die umstrittene Duftwolke vermeiden oder zumindest mildern kann. Wir sind sage und schreibe auf annähernd 30 Vorschläge gekommen (siehe *Seite 53*). Für den Erfolg wird allerdings nicht garantiert!
Diese lange Liste läßt vermuten, daß es den geruchlosen Genuß vielleicht gar nicht geben kann, da Geschmack und

1. Der Römer Plinius empfahl, Knoblauch bei Vollmond zu pflanzen, er hätte dann einen weniger unangenehmen Geruch.
2. Aus den Kräuterbüchern des späten Mittelalters: „Dieser böse Geruch kann leicht vertrieben werden, wenn man Zimmet, Zitwer-Wurtzel, Nelcken, Aniß- oder Fenschelsamen, oder Petersilie in dem Munde käuet, oder einen frischen Apfel oder grüne Rauten-Blätter drauf isset."
3. Ein anderes altes deutsches Rezept sagt: „Weinrautenblätter grün zerkäuet und gessen, nemmen den Gestanck deß Knoblauchs gewaltig hinweg."
4. Frischen Knoblauch verwenden. Er riecht weniger intensiv als alter.
5. Knoblauchzehen vor Gebrauch blanchieren, mit Haut kurzfristig in der Mikrowelle erhitzen oder Alkoholdämpfen aussetzen.
6. Nach dem Knoblauchessen schwarzen Kaffee oder Milch trinken oder Petersilie, Minzeblättern, Majoran, Koriandersamen, Kartoffelstückchen, Kaffeebohnen oder Chlorophyll, in Form von Tabletten oder grüne Kräutern, z. B. Petersilie, kauen.
7. Zum Knoblauch absorbierende Hülsenfrüchte wie Erbsen und Bohnen oder rohes, dunkelgrünes Gemüse, z. B. Spinat, essen oder Rotwein trinken.
8. Aus Italien stammt der Rat, nach dem Knoblauchessen Gewürznelken zu kauen, in Marokko schwört man auf zerbissene Kardamomsamen, in Rußland ißt man Joghurt oder Kefir gegen Knoblauchgeruch, aus Österreich stammt der Rat, einen frischen Apfel zu essen.
9. Nach dem Knoblauchessen eine Aktivkohletablette kauen.
10. Frischen Knoblauch zusammen mit Butter oder Honig essen.
11. Knoblauchpillen oder Dragees einnehmen.
12. Alle Menschen werden zu Knoblauchessern, und das Problem ist erledigt.
13. Einen Knoblauchauszug herstellen und diesen anstatt frischen Knoblauch einnehmen: Dazu Knoblauch schälen und quetschen, in 200 Milliliter Weingeist (96%) geben und dann in einem Glas zehn Tage lang in einem kühlen Raum lagern. Danach das Gemisch filtern, dabei den Knoblauch gut ausdrücken. Ein Tropfen dieses Knoblauchauszuges mit jeweils einem Tropfen Zitronensaft vermischen und als Knoblauchkur einnehmen. Der Knoblauchauszug ist im Kühlschrank lange haltbar.
14. Rezept gegen Knoblauchgeruch angemeldet beim Deutschen Patentamt von Martin Weber aus München (nach sage und schreibe zehn Jahren Forschung!): Ein Kilogramm feingeschnittenes Weißkraut, einen Viertelliter Wasser, Salz, Dill, Bohnenkraut und Meerrettich vermischen und ziehen lassen. Im Kühlschrank aufheben. Vor dem Knoblauchessen oder danach ein bis zwei Eßlöffel davon gründlich kauen.
15. Knoblauchzehen mit einer Gabel und Salz zusammen zerdrücken.
16. Nach dem Knoblauchessen Zähne mit chlorophyllhaltiger Zahnpasta oder mit Salz putzen.
17. Ein Stück Zitrone lutschen.
18. Zwei Tropfen japanisches Heilpflanzenöl oder Salviathymol im Mund verteilen und von der Mundschleimhaut aufnehmen lassen.
19. Anstatt Knoblauch seine weniger stark riechende Verwandtschaft wie Bärlauch *Allium ursinum* essen. Er kann als Gewürz wie Schnittlauch in Suppen, an Salaten und zu Käse eingesetzt werden, oder andere Lebensmittel mit Knoblaucharoma essen, z. B. im Frühjahr die Knoblauchsrauke als Salat anmachen oder Shiitake-Pilze.
20. Den Verzehr von Knoblauch auf das Wochenende verlegen und Menschenkontakt meiden.
21. Am Tag nach dem Knoblauchgenuß einen ausgedehnten Spaziergang machen.
22. Geräte gegen Knoblauchgeruch (siehe *links*): Immer wieder kommen neue und nicht selten teure Geräte auf den Markt, die einzig und allein deshalb erfunden wurden, um den Knoblauch von den Händen fernzuhalten. Nur kein direkter Kontakt zum Knoblauch!
23. In den Balkan auswandern.
24. Nach dem Knoblauchessen duschen und den Körper mit einer Mischung aus Salbeitee und Essigwasser im Verhältnis 1:1 einreiben.
25. Ein warmes Bad nehmen und anschließend eiskalt duschen, um die Poren zu schließen.
26. Bei Knoblauchgeruch an den Händen diese zunächst mit Salz und Zitrone abreiben und dann waschen. Wenn nötig Prozedur wiederholen. Anschließend eincremen.
27. Riecht ein Kunststoffbehälter nach Knoblauch, diesen mit Spülmittel reinigen, trocknen und anschließend mit einem Stück trockenem zerknülltem Zeitungspapier füllen und verschließen. Nach einigen Tagen hat das Papier den Geruch absorbiert.

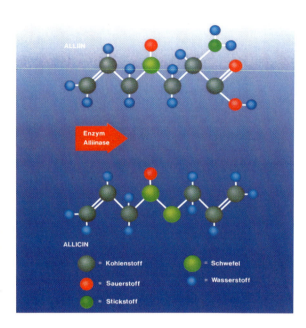

Abb. 29: Die positiven Wirkungen des Knoblauchs auf den Organismus sind zweifelsfrei bewiesen.

Grafik 10: Das Enzym Alliinase wandelt den geruchlosen Inhaltsstoff des Knoblauchs, Alliin, in den stark riechenden Übeltäter Allicin um.

Wirkung des Knoblauchs von seinem Aroma ausgehen. Doch dieses Dogma aller fundamentalistischer Knoblauchfans kann möglicherweise nicht aufrechterhalten werden.

Der anerkannte Knoblauchexperte Prof. Dr. H. P. Koch aus Wien betonte in seinem Standardwerk „Knoblauch – Grundlagen der therapeutischen Anwendung von *Allium sativum L.*" aus dem Jahre 1988 noch an verschiedenen Stellen *„... daß die Geruchsträger beim Knoblauch mit dessen wirksamem Prinzip weitgehend identisch sind."* 1996 veröffentlichte er dagegen einen Artikel in einer pharmazeutischen Fachzeitung mit dem Titel: „Der lange Weg zum geruchlosen Knoblauch". Dort vertritt Prof. Koch die revolutionäre These, daß die schwefelhaltigen „Duftstoffe" Allicin und Diallyldisulfid, die bisher unbestritten als die wirksamen Bestandteile des Knoblauchs galten, gar nicht allein für seine gesundheitlichen Wirkungen verantwortlich sind. Zwei Beobachtungen waren für den Knoblauchprofessor der Anlaß zum Zweifel: Seit langem weiß man, daß auch wäßrige Knoblauchauszüge gute therapeutische Ergebnisse erzielen, obwohl die „stinkenden" Schwefelverbindungen rein fettlöslich sind, also theoretisch im Wasserauszug nicht enthalten sein dürften. Ferner kennt die fernöstliche Volksmedizin wirksame Zubereitungen von Knoblauch, denen zwar der Geruch, aber nicht die Wirkung fehlt.

In den Rezepten aus dem fernen Asien werden über einen langen Zeitraum von 20 Monaten hinweg die Schwefelverbindungen durch mikrobiellen Abbau restlos entfernt.

Prof. Koch dagegen experimentierte mit einem neuen Küchengerät: der Mikrowelle. Er behandelte ungeschälte Knoblauchzehen mit Mikrowellen und inaktivierte so das Enzym Alliinase. Wird das Knoblauchgewebe durch Schälen verletzt, wandelt dieses Enzym das geruchlose Alliin in den stark riechenden Übeltäter Allicin um. Die Inaktivierung des Enzyms Alliinase sorgt also dafür, daß diese Umwandlung unterbleibt und erst gar keine Geruchsbelästigung entsteht. Die Mikrowellenbehandlung läßt die anderen bioaktiven Inhaltsstoffe des Knoblauchs wie die Steroide, Triterpenoide, Fructane und Flavonoide unbeschadet.

Prof. Koch hat sich dieses Verfahren patentieren lassen, da man so auch Knoblauchpillen herstellen kann, die nicht mehr „duften". Wir haben versucht, die Idee von Prof. Koch für den Hausgebrauch in der heimischen Mikrowelle nachzuvollziehen und siehe da, es funktioniert!

Vielleicht kommt es ja doch noch zu einem friedlichen Zusammenleben zwischen den „Alliophilen", den Knoblauchliebhabern, und den „Alliophoben", den Knoblauchhassern – dank Prof. Koch.

Knoblauch: Fakten und Legenden

Knoblauch ist ein Vertreter der Liliengewächse (*Liliaceae*) und sein botanischer Name lautet *Allium sativum*. Wahrscheinlich stammt er aus Zentralasien.

Inhaltsstoffe des Knoblauchs:

- 65 % Wasser
- 28 % Kohlenhydrate (Fructane)
- 3 % Aminosäuren
- 1,5 % Ballaststoffe
- 0,5 % Mineralstoffe: Kalium, Calcium, Magnesium, Phosphor
- 2 % Schwefelverbindungen, z. B. Alliin, Ajoen, Allicin
- *Spurenelemente:* Eisen, Kobalt, Kupfer, Mangan
- *Vitamine:* A, B_1, B_2, C
- *schwefelfreie bioaktive Substanzen:* Saponine, Flavonoide, Glukosinolate, Phenolsäuren

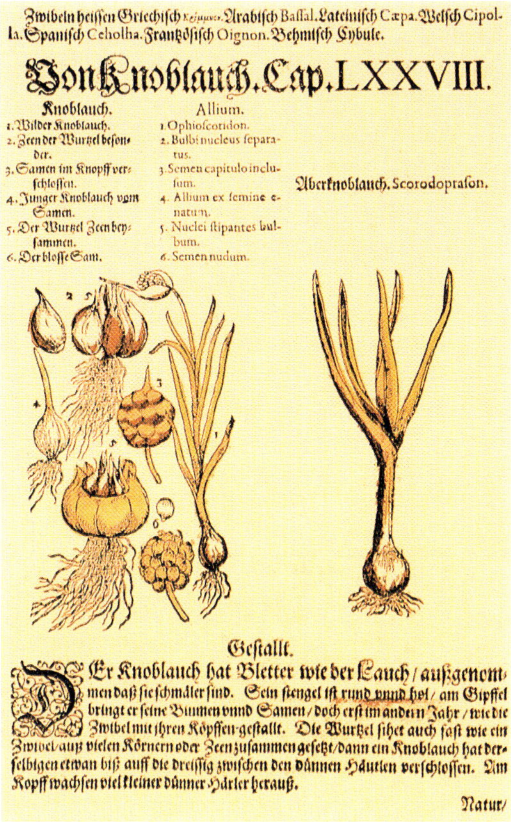

Zwibeln heissen Griechisch κρόμμυον. Arabisch Bassal. Lateinisch Cæpa. Welsch Cipolla. Spanisch Cebolha. Frantzösisch Oignon. Behmisch Cybule.

Von Knoblauch. Cap. LXXVIII.

Knoblauch.	Allium.
1. Wilder Knoblauch.	1. Ophioscoridon.
2. Zeen der Wurtzel besonder.	2. Bulbi nucleus separatus.
3. Samen im Knopff verschlossen.	3. Semen capitulo inclusum.
4. Junger Knoblauch vom Samen.	4. Allium ex semine enatum.
5. Der Wurtzel Zeen beysammen.	5. Nuclei stipantes bulbum.
6. Der blosse Sam.	6. Semen nudum.

Aberknoblauch. Scorodoprason.

Gestallt.

DEr Knoblauch hat Bletter wie der Lauch / außgenommen daß sie schmäler sind. Sein stengel ist rund vnnd hol / am Gipffel bringt er seine Blumen vnnd Samen / doch erst im andern Jahr / wie die Zwibel mit jhren Köpffen gestallt. Die Wurtzel sihet auch fast wie ein Zwibel / auß vielen Körnern oder Zeen zusammen gesetzt / dann ein Knoblauch hat derselbigen etwan biß auff die dreissig zwischen den dünnen Häutlen verschlossen. Am Kopff wachsen viel kleiner dünner Härler herauß.

Natur/

Abb. 30: Knoblauch ist ein Vertreter der Liliengewächse. Sein botanischer Name lautet Allium sativum.

Vampire und Knoblauch

Die Turmuhr schlägt Mitternacht. Knarrend öffnet sich der Sargdeckel, und heraus kommt eine hagere blasse Gestalt: ein Vampir auf seiner unruhigen Suche nach frischem Menschenblut. Zielbewußt stößt er das Fenster zum Schlafgemach einer unschuldigen Schönheit auf und – ergreift entsetzt die Flucht. Der Grund: Der Anblick von ein paar Knoblauchknollen hat ihn das Fürchten gelehrt.
Warum soll Knoblauch gut gegen Vampire sein? Wie ist diese Idee entstanden? Knoblauch ist ein gutes Beispiel dafür, daß auch scheinbar rein erfundene Geschichten und völlig irrationale Ratschläge einen wahren Kern enthalten. So weist die Ernährungswissenschaftlerin Jutta Muth darauf hin, daß Vampire und Werwölfe eine übersteigerte Darstellung eines seltenen Krankheitsbilds zu sein scheinen, der Porphyrie. Bei der Porphyrie ist die Synthese der Häm-Eiweiße, des Farbstoffanteils im Hämoglobin, dem roten Blutfarbstoff, gestört. Die Betroffenen leiden unter Blutarmut und Blässe und sind lichtempfindlich. Oft verändert sich die Persönlichkeit mit psychiatrischen Symptomen. Früher gab es für Porphyrie-Kranke nur eine Therapie: Sie mußten Tierblut trinken und das Tageslicht meiden. Man braucht nicht viel Phantasie, um sich vorzustellen, wie diese bemitleidenswerten Menschen auf ihre Umwelt gewirkt haben. Sie waren Vampiren wahrlich nicht unähnlich. Die Porphyrie ist eine seltene angeborene oder erworbene Störung, die heute mit Medikamenten und Infusionen behandelt werden kann. Doch was hat das mit Knoblauch zu tun?

Abb. 31: Vampire lassen sich in den Mythen und Legenden mit Hilfe von Knoblauch vertreiben.

Heute weiß man, daß einige Schwefelverbindungen des Knoblauchs, vor allem das Diallyldisulfid, in die Synthese von Häm-Eiweißen eingreifen. Sie beschleunigen dessen Abbau. Für gesunde Menschen völlig harmlos ist dieser Effekt für Porphyrie-Patienten lebensbedrohlich. Verständlich, wenn sie Knoblauch gemieden haben.

Knoblauch gegen Infektionserreger und Parasiten bei Mensch und Tier

Knoblauch vertreibt das Böse und rettet Leben. Immer wieder taucht Knoblauch als Schutz auf. Das weist auf die unstrittige Wirkung des Knoblauchs gegen alle möglichen Krankheitserreger wie Bakterien, Viren, Pilze oder Insekten hin. Diese Wirkungen sind im Reagenzglas, „in vitro", und in großen Studien an Menschen „in vivo" nachgewiesen und gelten auch bei Skeptikern als gesichert. 1858 konnte Louis Pasteur im Reagenzglas beweisen, daß Knoblauch antibakteriell wirkt. Die antibiotische Aktivität ist hauptsächlich dem Allicin zu verdanken, das noch in großen Verdünnungen bis zu 1:125 000 das Bakterienwachstum vollständig hemmen kann. Es wirkt also wie ein Antibiotikum, nur hundertfach schwächer als z. B. das Penicillin. Allerdings geht bei längerem starken Erhitzen die antimikrobielle Wirkung fast vollständig verloren. Auch dieses Wissen ist lange aus der Erfahrungsmedizin und der frühen naturwissenschaftlichen Medizin bekannt. In England und Frankreich soll Knoblauch während der großen Pestepidemien des 17. Jahrhunderts die Menschen vor Ansteckung geschützt haben.

Beobachtungen aus dem ersten Weltkrieg wiesen darauf hin, daß knoblauchessende Soldaten im Feld weniger an Infektionskrankheiten litten als ihre Mitstreiter, die auf Knoblauch verzichteten. In neuerer Zeit bestätigen Studien: Knoblauch ist eine natürliche Waffe gegen Infektionen.

Knoblauch für ein langes Leben

Jeanne Louise Calment ist tot. Bis zu jenem 4. August 1997, ihrem Todestag, war sie der älteste Mensch der Welt. Sie starb im Alter von 122 Jahren, fünf Monaten und 14 Tagen. Älter als sie ist noch niemand geworden, jedenfalls nicht durch glaubwürdige Dokumente belegt. Jeanne Louise Calment aus Arles in Südfrankreich war eine zierliche, nur eineinhalb Meter große Frau. Mit 110 Jahren zog sie in ein Altersheim. Jeanne Louise Calment war in ihren letzten Lebensjahren an den Rollstuhl gefesselt und ein permanenter Pflegefall. Sie sah kaum noch etwas und hörte fast nichts mehr. Neugierigen Journalisten soll sie gesagt haben: „Der liebe Gott hat mich vergessen." Jeanne Louise Calment hat das von

Abb. 32: Das Lieblingsgericht der ältesten Frau der Welt, Jeanne Louise Calment, war die Knoblauchmayonnaise Aioli.

den Biologen festgelegte Höchstalter der Spezies Mensch von 120 Jahren überschritten. Knapp, aber deutlich hat sie als einzige nachweisbar diese Grenze hinter sich gelassen.

Jeanne Calment war die Tochter eines wohlhabenden Unternehmers und wuchs in finanziell gesicherten Verhältnissen auf. Nie in ihrem langen Leben litt sie unter finanzieller Not. Ihre Tage verliefen regelmäßig und ohne große Aufregungen nach einem festen Rhythmus: Sie frühstückte jeden Morgen um acht Uhr, ging jeden Abend um Punkt halb neun ins Bett und schlief zehn Stunden. Ihre Hobbys waren Häkeln, Reiten, Tennis und

Autofahren. Erst mit 100 Jahren gab sie das Fahrradfahren auf. Das Lieblingsgericht von Jeanne Calment war Zeit ihres Lebens die berühmte „Aioli", eine fette französische Mayonnaise, deren Hauptzutaten Olivenöl und Knoblauch sind. Zum Andenken an eine der ältesten Frauen der Welt und die einzige, die dieses hohe Alter dokumentieren konnte, hier ihr Lieblingsrezept:

Aioli – die echte Knoblauchmayonnaise

20 g	altbackenes Weißbrot
6	Knoblauchzehen
2	Eigelb
½ l	gutes Olivenöl
	Salz, Pfeffer

In eine Suppenterrine das kurz in Milch eingeweichte, dann aber gut ausgedrückte, altbackene Weißbrot ohne Rinde legen, darauf die zerdrückten Knoblauchzehen und zwei rohe Eigelb geben. Alles mit einer Gabel zerdrücken und vermengen, dann eine winzige Menge Olivenöl darangießen und wie bei einer Mayonnaise ständig umrühren, während das Öl ganz langsam weiter dazugeträufelt wird. Es entsteht eine dicke Mayonnaise, die man mit Salz und Pfeffer abschmeckt und zu gekochtem Fisch reicht.

Die Zubereitung macht den Unterschied

Knoblauch besitzt pharmakologische Wirkungen, das ist auch unter Experten unumstritten. Doch welche Inhaltsstoffe welche Effekte verursachen, ist noch unklar. Vor allem auch deshalb, weil noch längst nicht alle Inhaltsstoffe des Knoblauch identifiziert, geschweige denn ihre Wechselwirkungen erkundet sind.
Wer schon heute in den vollen Genuß der medizinischen Effekte des Knoblauchs kommen möchte, der hält sich daher sicherheitshalber an das frische Produkt oder eine schonende Zubereitung. So kann man nichts verkehrt machen.
Dr. Kun Song von der Universität Penn State in Pennsylvania (USA) fand eine Methode, wie man den Knoblauch stark erhitzen und dennoch das Allicin, die für viele nach wie vor wirksamste Substanz des Knoblauchs, erhalten kann: Er empfiehlt, den zerkleinerten oder zerdrückten Knoblauch mindestens zehn Minuten bei Raumtemperatur stehenzulassen. In dieser Zeit kann das Enzym Alliinase das geruchlose Alliin in das wirksame Allicin umwandeln. Das Allicin selbst kann dann, laut Dr. Kun Song, durch das nachfolgende Erhitzen beim Rösten oder Braten nicht mehr zerstört werden. Doch auch die geruchlose Zubereitung mit der Mikrowelle (siehe *Seite 54*) oder in Alkohol eingelegter Knoblauch sind wirksam. Solange noch nicht alle Geheimnisse der Wunderknolle gelüftet sind, ißt man sie am besten so, wie es gefällt!

Herz-Kreislauf-Erkrankungen

Es gibt offensichtlich viel mehr Menschen, die an Knoblauch „glauben", als solche, die ihn auch tatsächlich in ihre Küche lassen. Anders kann man den großen Erfolg der industriell hergestellten Produkte, meistens Kapseln, nicht erklären.
Dem Erfolg der Knoblauchpillen und -dragees verdanken wir eine Reihe Studien, besonders über die vorbeugende Wirkung von Knoblauch gegen Herz-Kreislauf-Erkrankungen. Die hohen Verkaufszahlen von Knoblauchpräparaten motivieren die Pharmaindustrie, immer wieder Forschungsgelder zur Verfügung zu stellen. Knoblauch gehört daher zu den besonders gut untersuchten Naturheilmitteln.
Mit einer Schwierigkeit haben die vielen Knoblauchforscher allerdings immer zu kämpfen: 70 % ihrer Probanden erkennen den Knoblauch am Geruch. Das macht die aussagestarken Doppelblindstudien fast unmöglich, bei denen weder der behandelnde Arzt noch der Patient weiß, ob ein Medikament, in diesem Fall den Knoblauchextrakt, oder ein „Placebo", ein Scheinmedikament, verabreicht wurde. Wie die Wissenschaftler dieses Problem gelöst haben, wird nicht berichtet, doch die Ergebnisse liegen vor. Demnach wurden cholesterinsenkende, gefäßerweiternde, blutdrucksenkende und die „Klebrigkeit" der Blutplättchen hemmende Wirkungen nachgewiesen. Die Untersuchungen bestätigen einen leichten Blutdruckabfall der Versuchsteilnehmer und eine Senkung des schädlichen LDL-Cholesterins (siehe *Seite 48*). Vergleicht man die vielen Studien, dann fällt auf, daß Knoblauch um so wirksamer ist, je höher der Blutdruck und die Cholesterinwerte waren. Knoblauch ist also bei besonders gefährdeten Personen auch besonders effektiv.

Wirkung gegen freie Radikale

Umweltgifte, Streß und Nikotin erzeugen freie Radikale in den Zellen und auch im Blut, die sich mit den im Blut kreisenden cholesterinhaltigen Fettpartikeln verbinden und sich an den geschädigten Stellen der Arterieninnenwände ablagern. Auch in diesen Prozeß kann der Knoblauch eingreifen: Er reduziert die freien Radikale. Die Fettpartikel im Blut werden abtransportiert, ohne daß sie sich an verletzten Arterieninnenwänden anlagern können.

Diabetes

Auch bei Diabetes ist ein positiver Einfluß von Knoblauch belegt, es herrscht jedoch keine Klarheit über das Wirkprinzip. Vor allem bei leichter Diabetes scheint Knoblauch eine wirksame Alternative zu synthetischen Medikamenten zu sein. In der russischen Volksmedizin werden Diabetiker schon lange mit Knoblauch behandelt. Das veranlaßte einige Wissenschaftler bereits in den dreißiger Jahren zu klinischen Versuchen: Die Patienten verzehrten täglich 10 bis 15 Gramm Knoblauch, woraufhin sich der Blutzuckerspiegel und die Harnzuckerausscheidung normalisierten. Zahlreiche Tierexperimente bestätigten diese Beobachtungen. Die Zuckerwerte verbesserten sich auch bei wäßrigen Knoblauchauszügen. Da das Allicin fettlöslich ist, müssen noch andere Inhaltsstoffe des Knoblauchs wirksam sein – ein weiterer Hinweis darauf, daß nicht allein das Allicin Knoblauch medizinisch wirksam macht.

Krebs

Die Krebsentstehung ist ein komplexer Prozeß, der schubweise in mehreren Stufen verläuft. Man schätzt, daß die Ernährung das Tumorwachstum im Körper zu etwa 30 % beeinflußt. Lebensmittel können sowohl krebsauslösend als auch krebsfördernd sein; sie können aber genauso auch das Auftreten von Tumoren verzögern und ihre Entwicklung hemmen. Bei diesem Prozeß kommt den sekundären Pflanzenstoffen eine große Bedeutung zu.

Fast alle pflanzlichen Lebensmittel enthalten diese bioaktiven Substanzen, die antikanzerogen wirken können. Doch einige Gemüse und Obstarten sind schon durch die Erfahrungsmedizin aufgefallen und besonders gut untersucht. Dazu gehört auch der Knoblauch. Eine wichtige Rolle für die krebsvorbeugende Wirkung scheinen die Sulfide, die Schwefelverbindungen, zu spielen, aber nicht nur sie.

Versuche dazu wurden mit frischem Knoblauch oder Knoblauchextrakten durchgeführt: Mit einem flüssigen Knoblauchextrakt behandeltes Tumorgewebe zeigte im Reagenzglas ein verstärktes Einwandern von Abwehrzellen, den Makrophagen und Lymphozyten, d. h. das Immunsystem wurde stimuliert. Injektionen von Knoblauchextrakten steigerten bei Tieren die Aktivität der Freßzellen, der sogenannten Phagozyten. Alle diese Einflüsse auf das Immunsystem wurden in Studien an Menschen bestätigt. In einer Untersuchung nahmen die Probanden hohe Konzentrationen von Knoblauch zu sich. Drei Wochen lang mußten sie täglich 0,5 Gramm Knoblauch pro Kilogramm Körpergewicht einnehmen, nach Ende des Versuchszeitraums hatte sich die Aktivität der Abwehrzellen

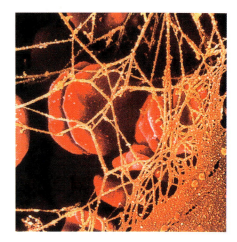

Abb. 33: Freie Radikale verbinden sich mit den im Blut kreisenden cholesterinhaltigen Fettpartikeln und lagern sich an den geschädigten Stellen der Arterieninnenwände ab.

bei der Knoblauch-Gruppe gegenüber der Kontrollgruppe signifikant erhöht. Diese Wirkung bestätigten auch chinesische Wissenschaftler: Magenkrebs war in China lange die häufigste Krebserkrankung, ausgenommen in einem kleinen Knoblauchanbaugebiet im Norden des Landes, in dem die Menschen verständlicherweise besonders viel Knoblauch verzehrten. Diese Auffälligkeit löste eine klinische Studie aus, die die Zusammenhänge klären sollte. Dazu wurden über zwei Jahre hinweg die Ernährungsgewohnheiten von 564 chinesischen Patienten erhoben, die an Magenkrebs litten. Dieselben Protokolle wurden an 1131 gesunden Chinesen ermittelt. Das Ergebnis zeigte eindrucksvoll die Wirksamkeit nicht nur des Knoblauchs, sondern auch der verwandten Liliengewächse wie Zwiebeln, Lauch, Schnittlauch und Schalotten. Personen mit der höchsten Zufuhr an Zwiebelgemüsen hatten nur ein halb so großes Risiko, an Magenkrebs zu erkranken, wie die Menschen mit dem niedrigsten Verzehr. Das Ergebnis läßt vermuten, daß besonders diejenigen ein geringeres Magenkrebsrisiko tragen, die schon in jungen Jahren große Mengen Zwiebelgemüse essen. Auch in den USA konnte ein Zusammenhang zwischen Zwiebelgemüse und speziell Magenkrebs beobachtet werden. Vergleichbar mit China wiesen die Bewohner eines Zwiebel- und Knoblauchanbaugebietes deutlich weniger Magenkrebsfälle auf, als zu erwarten war.

Weiterhin belegt eine Studie, daß ein wäßriger Extrakt aus unerhitztem Knoblauch in der Lage ist, in vitro, d. h. im Reagenzglas, die Vermehrung von *Helicobacter pylori* zu unterbinden. Verantwortlich dafür scheinen die Schwefelverbindungen im Knoblauch zu sein. Wie wir schon oft in der Hobbythek berichtet haben, steht *Helicobacter pylori* in Verdacht, ursächlich an der Entstehung von Magenkrebs beteiligt zu sein. Dieser Zusammenhang wäre eine Erklärung dafür, daß Knoblauch vor Magenkrebs schützt.

Eine britische Fall-Kontroll-Studie mit je 328 Patienten und genausoviel Kontrollpersonen galt dem Zusammenhang von Ernährung und Prostatakrebs. Prostatakrebs ist nach Lungenkrebs die zweithäufigste Krebserkankung bei Männern in Industriestaaten. Die Versuchsteilnehmer

Abb. 34:   Helicobacter pylori scheint durch die Schwefelverbindungen des Knoblauchs in seiner Vermehrung gehemmt zu werden.

protokollierten ihre Ernährungsgewohnheiten und die Einnahme von Zusatzstoffen über einen Zeitraum von fünf Jahren. Von allen untersuchten Lebensmitteln und Zusatzstoffen konnte nur für Knoblauch ein Schutzwirkung festgestellt werden. Hülsenfrüchte, vor allem Erbsen, erreichten auch ein gutes Ergebnis, doch nur die Werte für Knoblauch waren „signifikant", d. h. aussagekräftig.

Mykosen

Pilzerkrankungen nehmen zu und sind gleichzeitig besonders schwer zu behandeln. Haben sie sich einmal im Körper eingenistet, halten sich Pilze hartnäckig und reagieren auf viele Behandlungsversuche resistent. Erstaunlicherweise ist auch hier der Knoblauch sehr wirksam. Ein Bestandteil des Knoblauchs, das Ajoen, ein Folgeprodukt des Allicins, wurde – eingearbeitet in eine Creme – an 34 Patienten mit Fußpilz getestet. Sie behandelten ihre befallenen Hautstellen zweimal täglich mit der Creme. Bereits nach einer Woche waren 27 von ihnen ohne Symptome, die anderen eine Woche später. Drei Monate später gab es noch keine Rückfälle. Mit diesem sensationellen Ergebnis zeigte sich der Knoblauchwirkstoff Ajoen anderen Therapien weit überlegen.
Knoblauch wirkt auch gegen den Scheidenpilz *Candida albicans* und hilft bei den gefürchteten Pilzinfektionen des Darms. Viele Berichte aus dem Mittelmeerraum legen nahe, gegen Darmmykosen Knoblauch und unraffiniertes Olivenöl zu kombinieren.

Knoblauch selber ziehen

Sie können Ihren Knoblauch ganz leicht selber ziehen. Man braucht dazu keinen Garten, denn auch auf dem Balkon, ja selbst auf der Fensterbank wächst Knoblauch. Pflanzzeit ist der Herbst und das Frühjahr. Die Südfranzosen pflanzen traditionell am 10. November und ernten am 20. Juni. Bei uns werden die Zehen von Mitte September bis Mitte Oktober gesetzt oder im März und April. Der Herbstknoblauch ist starkwüchsig, aber nur gering lagerfähig, während der Frühjahrsknoblauch schwächere Knollen ausbildet. Diese sind dafür aber sehr gut lagerfähig. Eine alte Bauernregel rät, die Zehen bei zunehmendem Mond zu setzen. Die möglichst großen Zehen werden etwa acht Zentimeter tief mit der Spitze nach oben in die Erde gelegt. Die Zehen gedeihen am besten in leichter Erde mit Stallmist versetzt. Knoblauch braucht gleichmäßige Feuchte und viel Sonne.

Die Erntezeit des Herbstknoblauchs beginnt im Juni. Feinschmecker holen sich die jungen Pflanzen in die Küche und verwenden sie wie Frühlingszwiebeln. Eine seltene Delikatesse, die man normalerweise nicht kaufen kann! Die Haupternte steht an, wenn die Blätter vertrocknet sind.

Man trocknet die frisch geernteten Knollen vor und lagert sie dann im dunklen, kühlen Keller. Die besten Knollen werden für die nächste Pflanzzeit aufbewahrt. Nur die äußeren dicken Zehen kommen wieder in die Erde. Besondere Freude macht es, verschiedene Knoblauchsorten auszuprobieren, die sich im Geschmack, der Würzkraft und Lagerfähigkeit sowie in ihrem Aussehen ganz erheblich unterscheiden. Da gibt es so verschiedene Sorten wie den spanischen lila Knoblauch, den italienischen Rocambole,

Abb. 35: Herbstknoblauch kann man ab Juni ernten.

den französischen Rose von Lautrec, den Balkanknoblauch und den Chinaknoblauch mit seinem dekorativen Scheinblütenstand (Bezugsadresse siehe *Seite 95*).

Mit Knoblauch gegen Schädlinge

Setzen Sie Knoblauch zwischen Ihre anderen Nutzpflanzen. Knoblauch wehrt Schädlinge wie Pilze und Bakterien erfolgreich ab, hält Grauschimmel von den Blättern fern und schlägt Spinnmilben in die Flucht. Rosen schützt er vor Echtem Mehltau und Rosenrost. Bewährt haben sich Kombinationen von Knoblauch mit Tomaten, Erdbeeren, Gurken, Rote Bete, Rosen, Kartoffeln, dicke Bohnen, Kapuzinerkresse und Kohl. Diese Mischkulturen können auch durcheinander gepflanzt werden. Die meisten Pflanzen mögen Knoblauch als Nachbarn. Ausnahmen sind Erbsen und Bohnen.

„Duftende" Rezepte mit Knoblauch

Basics

Knoblauch-Geist

2	Knoblauchknollen
1 Flasche	Weizenkorn

Knoblauchzehen schälen, grob zerkleinern und ein helles Schraubglas damit füllen. Mit dem Korn auffüllen, bis die Knoblauchmasse bedeckt ist. Zwei Wochen warmstellen (25 bis 30 °C), z. B. auf einer Fensterbank der Südseite, und gelegentlich schütteln. Dann abseihen und die Flüssigkeit in eine dunkle Flasche abfüllen.

Den Knoblauch-Geist kann man trinken, aber er wirkt auch äußerlich gegen Warzen und Hautpilz.

Tip: Nehmen Sie statt Weizenkorn verschiedene Obstbrände.

Knoblauchöl

8-10	geschälte Knoblauchzehen
1 EL	schwarze Pfefferkörner
5 getr.	Chilischoten
1 Zweig	Rosmarin, Salbei oder Oregano
¾ l	Olivenöl

Knoblauchzehen, Pfefferkörner, Chilischoten und Kräuter in eine dunkle Flasche geben, Öl darübergießen, gut verschließen. Dunkel und kühl aufbewahren. Dieses Öl paßt sehr gut zu allen Salaten.

Gewürzessig mit Knoblauch

2 Zweige	frische Kräuter, z. B. Thymian, Estragon, Basilikum
1 EL	Pfefferkörner
einige getr.	Chilischoten
6-8	geschälte Knoblauchzehen
¾ l	Weißweinessig

Die Kräuter einige Tage zum Trocknen aufhängen. Die getrockneten ganzen Kräuter, die Pfefferkörner, Chilischoten und Knoblauchzehen in eine Glasflasche (kein Metall!) geben, Weinessig darüber gießen und die Flasche gut verschließen. Den Kräuteressig einige Tage kühl stellen, damit sich das Aroma der Kräuter und Gewürze entfalten kann.

Pesto
(für 4 Personen)

1-2 Tassen	frische Basilikumblätter
1 TL	Salz
½ TL	schwarzer Pfeffer, gemahlen
6	Knoblauchzehen
2 EL	Pinienkerne, feingehackt
125 ml	gutes Olivenöl
½ Tasse	geriebener Parmesankäse

Das grobgehackte Basilikum, Salz, Pfeffer, den feingehackten Knoblauch, Pinienkerne und das Öl mit einem Mixer zu einer Sauce verrühren. Wenn die Sauce zu dick gerät, einfach noch etwas Olivenöl hinzufügen. Die Sauce in eine Schüssel füllen und den geriebenen Käse unterrühren.

Tip: Diese Kräutersauce schmeckt nicht nur zu allen Nudelgerichten, sondern auch hervorragend zu Fisch.

Knoblauchbutter

250 g	Butter
	Salz, Pfeffer
8-10	Knoblauchzehen (je nach Größe)
2 EL	Petersilie, gehackt

Die Butter mit etwas Salz schaumig rühren. Knoblauchzehen schälen, fein hacken und zusammen mit etwas Pfeffer und der gehackten Petersilie unter die schaumig geschlagene Butter mischen. Die Knoblauchbutter im Kühlschrank kalt werden lassen.
Knoblauchbutter schmeckt sehr gut zu gedünstetem Fisch und kurz gebratenem Fleisch.

Tip: Mit der Knoblauchbutter kann man sehr schnell leckere Knoblauchbaguettes zubereiten: Dazu Baguettebrötchen aufschneiden, die Flächen mit etwas Knoblauchbutter bestreichen und wieder zuklappen. Im vorgeheizten Backofen ca. fünf Minuten bei 200 °C backen.

Abb. 36: Tzatziki – schon lange ein Erfolgsrezept der 100jährigen.

Tzatziki

2	Schlangengurken
	Salz und weißer Pfeffer
1 Knolle	frischer, möglichst lila Knoblauch
200 g	Naturjoghurt
250 g	Magerquark
2 EL	Olivenöl

Die Gurken gründlich waschen, am besten mit dem Gemüsewaschmittel der Hobbythek **GeoWash HT,** trocknen und mit der Schale reiben, salzen, pfeffern und eine halbe Stunde stehenlassen, damit sie Wasser ziehen können. In der Zwischenzeit die Knoblauchzehen schälen. Das Wasser von der Gurken-

masse abgießen, sonst wird das Tzatziki zu flüssig. Joghurt, Quark und Olivenöl unter die Gurkenmasse heben und verrühren. Die Knoblauchzehen hineinpressen. Sie können auch weniger als eine Knolle verwenden. Alles gut verrühren, nochmals nachschmecken und kalt stellen. Das Tzatziki ist vielfältig einsetzbar: als Brotaufstrich, als Sauce zu frisch gebratenem Fleisch oder auch einfach pur mit Weiß- oder Fladenbrot genießen!

Römischer Knoblauchkäse
(für 6 Personen)

20-25	Knoblauchzehen
225 g	Schafskäse
1 Handvoll	frische Korianderblätter
2 TL	Weinrauke oder Basilikum, kleingeschnitten
2 geh. TL	Sellerie, kleingeschnitten
1 TL	Salz
2 EL	Weißweinessig
1 EL	Olivenöl

Alles zerdrücken und vermischen. Kühl lagern und mit warmem Brot servieren.

Knoblauchsuppe
(für 4 Personen)

300 g	Weiß- oder Toastbrot
1	Knoblauchknolle
2 EL	kaltgepreßtes Olivenöl
1 TL	Rosenpaprika
	Salz, Pfeffer, frischgemahlen
1 l	Gemüsebrühe
4	Eier

Das Weiß- oder Toastbrot in kleine Würfel schneiden. Die Knoblauchzehen schälen und das Öl in einem Topf bei mittlerer Hitze erwärmen. Die Brotwürfel darin goldbraun rösten und dann die Knoblauchzehen darüberpressen. Mit Paprika bestäuben, salzen, pfeffern und dann mit der Brühe aufgießen. Etwa 20 Minuten zugedeckt bei mittlerer Hitze kochen lassen. In der Zwischenzeit den Backofen auf 200 °C vorheizen. Die Suppe in feuerfeste Schalen geben und jeweils ein Ei vorsichtig in die Mitte der Suppe gleiten lassen. Dann nochmals für zehn Minuten im Backofen garen. Nach Geschmack geriebenen Käse darüber streuen und heiß servieren.

Knoblauchreis
(für 4 Personen)

2	Knoblauchknollen
2	Zwiebeln
3 EL	Olivenöl
200 g	Langkornreis
50 g	Wildreis
¾ l	Wasser
1 EL	gekörnte Gemüsebrühe
¼ l	trockener Weißwein
	Salz, weißer Pfeffer
	Thymian, Basilikum, Rosmarin
1 Strauß	Petersilie
50 g	geriebener Parmesan

Die Knoblauchzehen schälen, enthäuten und klein würfeln. Die Zwiebeln schälen und ebenfalls würfeln. Das Öl in einem Schmortopf erhitzen und die Zwiebeln und den Knoblauch bei mittlerer Hitze darin leicht bräunen. Die beiden Reissorten dazugeben und ca. eine Minute mitdünsten. In einem anderen Topf das Wasser zum Kochen bringen und die Gemüsebrühe hineinrühren. Die Hälfte der Brühe und die Hälfte des Weins zum Reis geben. Nachdem die Flüssigkeit verdampft ist, die restliche Brühe und Wein nachgießen und alles bei kleiner Hitze im offenen Topf garen lassen. Wenn der Reis gar ist (nach ca. 30 Minuten), Salz, Pfeffer und die Kräuter unterheben. Abschmecken und dann mit der feingehackten Petersilie und dem Parmesan bestreuen. Sofort servieren.

Knoblauch-Kartoffel-Gratin
(für 4 Personen)

1 kg	Kartoffeln
2	Zwiebeln
10	Knoblauchzehen
6 EL	Olivenöl
	Salz, Pfeffer, Muskatnuß
100 g	geriebener Käse

Die Kartoffeln gründlich waschen und in sehr dünne Scheiben schneiden. Die Zwiebeln schälen und ebenfalls in dünne Scheiben schneiden. Die Knoblauchzehen schälen und auspressen. Eine flache feuerfeste Auflaufform mit dem Knoblauch einreiben und mit der Hälfte des Olivenöls fetten. Die Kartoffelscheiben mit den Zwiebelscheiben abwechselnd dachziegelartig in die Form schichten, salzen, pfeffern und mit frisch geriebener Muskatnuß bestreuen. Den geriebenen Käse mit dem restlichen Olivenöl mischen und über das Gratin streuen. Auf der mittleren Schiene des Backofens bei 200 °C etwa 45 Minuten backen. Sollte das Gratin vorher braun sein, mit Alufolie abdecken. Dazu paßt ein gemischter Salat oder Rohkost.

Das besondere Rezept

Das folgende Gericht ist der ultimative Prüfstein für alle Knoblauchfans und -gegner. Kaufen Sie dafür kein deutsches Schnellmasthuhn – denn auch beim Huhn entscheidet die Qualität des Fleisches über den Genuß –, sondern ein Tier aus artgerechter Haltung.

Knoblauchhuhn: Schreck der Vampire
(für 4 Personen)

1	(ca. 1600 g) Huhn
3	Lorbeerblätter
1 Bd.	frische Petersilie
4	Frühlingszwiebeln
1	frischer Zweig oder
	1 TL getr. Thymian
	Olivenöl
	Hühnerklein (Innereien)
1	frischer Zweig oder
	1 TL getr. Rosmarin
3 Blätter	Salbei, gehackt
1	Sellerie, gewürfelt
50 (!)	geschälte Knoblauchzehen
1 kl. Glas	Weißwein
1 kl. Glas	Estragonessig
	Salz, weißer Pfeffer

Das Huhn mit den Lorbeerblättern, der frischen Petersilie, den Frühlingszwiebeln und dem Thymian füllen. In einem Topf etwas Olivenöl erhitzen und das Hühnerklein mit dem Rosmarin, dem Salbei, Sellerie und Knoblauchzehen andünsten, nicht bräunen! Vom Herd nehmen. In einem schweren Schmortopf mit Deckel Olivenöl erhitzen und das Huhn darin rundum anbräunen. Das Huhn herausnehmen und die Knoblauchmasse mit den Innereien in den Schmortopf geben. Das Huhn mit der Brust nach oben auf den Knoblauch legen, den Weißwein und den Estragonessig dazugeben und den Deckel schließen. Bei schwacher Hitze 1½ Stunden im Backofen braten. Das Huhn aus dem Schmortopf nehmen und warmstellen. Hühnerfett zuerst mit einem Saucenlöffel, dann mit Küchenkrepp entfernen. Die Knoblauchsauce bei starker Hitze reduzieren und gegebenenfalls noch mit Salz, Pfeffer, Essig oder Wein abschmecken. Das Huhn in Portionsstücke teilen und auf der Sauce servieren. Dazu passen Bandnudeln oder Kartoffeln.

Knoblauch-Möhren
(für 2 Personen)

500 g	Möhren
12	Knoblauchzehen
3 EL	Olivenöl
	Salz, Pfeffer, frisch gemahlen
	frische Rosmarinzweige
	und Thymian

Möglichst junge zarte Möhren in dicke Scheiben schneiden. Die Knoblauchzehen schälen und grob schneiden. Das Olivenöl in einer Pfanne vorsichtig erhitzen. Die Gemüse bei niedriger Temperatur etwa zehn Minuten braten, salzen und pfeffern. Die Kräuter schneiden und zugeben. Weitere zehn Minuten garen. Sofort servieren.

Abb. 37: Knoblauch-Kartoffel-Gratin

Finger Food

Knoblauchbaguette

Baguette oder italienisches Weißbrot
Knoblauch, Olivenöl

Baguette oder italienisches Weißbrot in große Stücke schneiden, längs halbieren. Knoblauchzehen schälen und pressen, das Weißbrot damit bestreichen. Mit Olivenöl beträufeln und kurz grillen oder in der Pfanne anbraten.

Abb. 38: *Poseidons Frühstück: Gambas in Knoblauchöl*

**Poseidons Frühstück:
Gambas in Knoblauchöl**
(für 4-6 Personen)

500 g	rohe Garnelen mit Schale und Kopf
2	Chilischoten
12	Knoblauchzehen
	kaltgepreßtes Olivenöl
	Salz, schwarzer Pfeffer, frischgemahlen

Die Garnelen gut waschen und mit Küchenkrepp trocknen. Nach Geschmack direkt schälen oder nach der Zubereitung bei Tisch. Allerdings halten sie ungeschält besser ihr Aroma und schmecken intensiver. Die Chilischoten entkernen und in schmale Streifen schneiden. Die Knoblauchzehen schälen und in Würfel schneiden. Das Olivenöl in einer Pfanne erhitzen und bei mittlerer Hitze den Knoblauch und die Chili kurz „blond" werden, d. h. leicht Farbe annehmen lassen, auf keinen Fall bräunen! Dann die Garnelen dazugeben und diese bei kleiner Hitze von allen Seiten rot und knusprig braten. Mit Salz und Pfeffer würzen. Die Kunst besteht darin, dabei den Knoblauch nicht zu verbrennen, sonst wird er schwarz und bitter. Sofort in der Pfanne servieren. Dazu paßt Baguette und ein leichter Rotwein.

Aschenknoblauch
Beim Grillen oder am Kamin ganze Knollen etwa eine halbe Stunde in die ausgeglühte, heiße Asche legen. Anschließend läßt sich das heiße, weiche Knoblauchmus leicht aus der Knolle drücken. Brotscheiben mit Olivenöl bestreichen und das Mus dazugeben. Zu diesem köstlichen Brotbelag passen Schafskäse und Wein.

Der Apfel der Liebe – die Tomate

„Dies ist eine Frucht, die wohl unmittelbar aus dem Paradiese zu uns gekommen sein muß, und gewißlich auch der Apfel gewesen ist, den Paris der Venus bot, und welchen die Schlange zur Verlockung der Eva anwendete."
(Baron von Vaerst in seiner 1851 erschienenen „Gastrosophie")

Für manche ist der Apfel der Liebe tatsächlich ein Apfel. Die Österreicher jedoch dachten, Adam muß von einer Tomate verführt worden sein und nannten die tiefrote Frucht „Paradeiser". Die Italiener nennen ihr Lieblingsgemüse, die Tomate, einfach und zärtlich „Goldäpfelchen": pomodoro. In vielen Dialekten heißen sie auch Liebesapfel oder Paradiesapfel. Die Deutschen empfinden in ihrer Bezeichnung „Tomate" den alten aztekischen Namen „tomatl" nach, d. h. schlicht und ergreifend „Schwellfrucht".

Der Ursprung der Tomate liegt in den tropischen und subtropischen Teilen von Amerika, in Peru und Mexiko. Sie gelangte wahrscheinlich Anfang des 16. Jahrhunderts mit den spanischen Eroberern nach Europa. In Italien erzählt man sich, daß Kolumbus die „Schwellpflanze" von seiner zweiten Reise im Jahre 1498 mit nach Italien gebracht hatte. Heute liegt der Samen dieser angeblichen Urtomate im Biologischen Institut von Salerno im Archiv. Auf Versuchsfeldern am Vesuv werden mit dem Samen dieser Wildpflanze Zuchtversuche unternommen, um die genetischen Informationen zu erhalten. Das Ergebnis sind ziemlich unansehnliche kleine gelbliche Früchte, die zudem nicht schmecken. Nach ihrer Ankunft in Europa dauerte es dann noch einmal 200 Jahre, bis geschickte Züchter daraus die roten, wohlgeformten saftig-süßen Früchte geschaffen hatten, die wir heute kennen.

Kaum vorstellbar, aber die italienische Küche und mit ihr die gesamte Mittelmeerküche nutzt die Tomaten erst seit gut 100 Jahren. Eine rasante Erfolgsstory für den Pomodoro. Heute kann man sich die „cucina italiana" ohne Tomaten gar nicht mehr vorstellen. Wie Pizza und Spaghetti wohl ohne Tomatensauce ausgekommen sind? Die Tomate hat sich fest in der modernen Küche etabliert. Sie gehört in die Fast-Food-Gastronomie genauso selbstverständlich wie in die traditionelle Mittelmeerküche. Die Tomate ist damit weltweit das beliebteste Gemüse. Daran haben auch die Züchtungen der Holländer nichts ändern können, als sie aus der süßen aromatischen Frucht einen stapelbaren Wasserballon machen wollten. Irgendwann zwischen 1993 und 1994 verweigerten sich die Deutschen ihren Nachbarn und kauften die holländische Einheitsware einfach nicht mehr. Als die

Abb. 39: Tomaten gibt es das ganze Jahr über in allen möglichen Variationen, doch die besten haben nur Sonne und kein Treibhaus gesehen.

Exporttomate ein deutliches Minus von 20 % erfuhr, beschlossen die holländischen Gemüsegärtner, sich wieder um den Geschmack zu kümmern. Seitdem gibt es die aromatische Strauchtomate und die „Cherry", die gehaltvolle Kirschtomate. Die holländischen Tomaten kommen zwar immer noch aus dem Glashaus, sie werden auch weiterhin auf Steinwolle, das ist fein gesponnenes Basaltgestein aus der Eifel, gezogen und mit Nährlösung hochgepäppelt, aber statt Chemie werden jetzt Schlupfwespen gegen den Hauptschädling „Weiße Fliege" eingesetzt. Dank des Protestes der Verbraucher an der Ladentheke gibt es heute wieder überall wohlschmeckende Tomaten in großer Vielfalt zu kaufen, auch aus Holland. Doch wer Tomaten essen möchte, die in Erde gewachsen und von der Sonne gereift sind, der muß sich auf die Saison und konservierte Ware beschränken.

Das Geheimnis des Erfolges

Das Geheimnis des Erfolges der Tomate liegt „unter der Haut". Die Tomate ist wie gemacht für die Menschen unserer heutigen Zeit: Sie besteht fast ausschließlich aus Wasser und ist extrem kalorienarm. 100 Gramm enthalten nur ganze 19 Kilokalorien. Um so reicher ist sie an den hochwirksamen Mikronährstoffen, auf die es uns allen so ankommt: Vitamine, Mineralstoffe und bioaktive Stoffe.

Tomaten enthalten viel Vitamin C. In 200 Gramm, das ist etwa das Gewicht von zwei mittelgroßen Tomaten, stecken schon zwei Drittel des Tagesbedarfs an diesem wichtigen Vitamin. Die Folsäure in dieser Menge Tomaten reicht für einen halben Tag. An Folsäure mangelt es gerade älteren Menschen fast immer. Folsäure hilft bei der Zellneubildung und bei der -reparatur. Gerade Personen, die Medikamente nehmen müssen, viel Alkohol trinken oder auch zu viel Fleisch essen, haben einen erhöhten Folsäurebedarf, der unter anderem durch Tomaten gedeckt werden kann. In den USA werden inzwischen bereits Grundnahrungsmittel künstlich mit Folsäure angereichert. Da erscheint eine lustvolle Tomatenküche doch der bessere Weg zu sein.

Tomaten enthalten weiterhin das wichtige Vitamin E für den Zellschutz und Vitamine der B-Gruppe wie Vitamin B_1, B_6 und Pantothensäure für den Stoffwechsel sowie Chrom, das vor allem für Menschen interessant ist, die viele Süßigkeiten essen, da es bei Zuckerverwertungsstörungen hilft. Die roten Früchte enthalten außerdem Selen, das zu den Krebsschutzstoffen gehört, da es eine wichtige Rolle im Geschehen der Immunabwehr spielt, Kalium, das die Herzfunktionen unterstützt, und Mangan, Magnesium, Eisen und Kupfer.

Sehr interessant ist der hohe Beta-Carotin-Gehalt. 200 Gramm Tomaten enthalten ein Viertel der pro Tag benötigten Menge an Beta-Carotin. Beta-Carotin gehört zusammen mit dem Vitamin E und dem Vitamin C zum Dreigestirn der Radikalfänger. Zusammen mit dem Selen bietet uns die Tomate eine interessante Wirkstoffkombination, wie geschaffen zur Vorbeugung von Krebs- und Herz-Kreislauf-Erkrankungen. Neuere Forschungen haben gezeigt, daß Tomaten auch Flavonoide enthalten (siehe *Seite 33*). Flavonoide sind bioaktive Substanzen und hervorragende Radikalfänger. Sie liegen in den Randschichten der Frucht, d. h. also direkt unter der Haut, und schützen so die unter der Schale liegenden Zellen des Pflanzengewebes vor dem Luftsauerstoff und damit vor der vorzeitigen Zellalterung. Diese Funktion übernehmen die Flavonoide auch in unserem Körper. Entfernt man die Haut der Tomaten, so reduziert man den Gehalt an diesen Stoffen ganz erheblich. Deshalb haben wir nur Rezepte kreiert, bei denen die Haut der Tomaten erhalten bleiben kann.

Tomaten enthalten v. a. das Flavonoid „Quercetin", das zu den wichtigsten Flavonoiden in Gemüsen gehört.

Quercetin konnte in hoher Dosierung sowohl im Tierversuch als auch in vitro, d. h. im Reagenzglas, mit menschlichen Zellen die Entstehung und das Fortschreiten von Tumoren unterbinden. Für Krebszellen erwies sich Quercetin als Gift, das den programmierten Selbstmord der Krebszellen auslöst. Die In-vitro-Versuche stellen jedoch keinen harten Beweis im streng wissenschaftlichen Sinne dar, sind jedoch ein Hinweis auf die möglichen gesundheitlichen Effekte der Tomaten. Während ein Zusammenhang zwischen Flavonoiden und einem verminderten Herzinfarktrisiko zweifelsfrei belegt werden konnte, ist der Zusammenhang zwischen der Krebshäufigkeit und dem Verzehr von Flavonoiden – noch – nicht eindeutig belegt.

Tomate und Krebs

Prof. Edward Giovannucci und seine Kollegen von der renommierten Harvard-

	je 100 g verzehrbarer Anteil														
	Energie		Hauptnährstoffe			Gesamtballaststoffe	Mineralstoffe					Vitamine			
			Eiweiß (Protein)	Fett	Kohlenhydrate		Natrium	Kalium	Calcium	Phosphor	Eisen	A	B$_1$	B^2	C
	kJ	kcal	g	g	g	g	mg	mg	mg	mg	mg	µg	mg	mg	mg
Tomaten, roh	88	21	1,1	0,2	3,7	1,4	6	270	13	27	0,5	133	0,06	0,04	24
Tomaten in Dosen	88	21	1,1	0,2	3,6	–	5	204	10	22	0,5	117	0,05	0,04	18
Tomaten, Mark	209	50	2,3	0,5	9,0	–	580	1160	60	34	–	207	0,09	0,06	9

Tabelle 2:   Die Inhaltsstoffe der Tomate

(Quelle: aid, Bonn)

Universität in Boston, USA, haben insgesamt 72 Studien ausgewertet, in denen der Verzehr von Tomaten und das Auftreten verschiedener Krebsformen verglichen wurden. Die amerikanischen Wissenschaftler stellten fest: Regelmäßiger reichlicher Verzehr von Tomaten senkt das Risiko für Krebserkrankungen um etwa 40 %. Die Vergleiche legen nahe, daß Tomatenkonsum besonders vor Prostata-, Lungen- und Magenkrebs schützt.

Diese schützende Wirkung wird auf ihren roten Farbstoff, das Carotinoid Lycopin, zurückgeführt, das ein besonders wirksamer Radikalfänger zu sein scheint. Lycopin kommt nicht nur in Tomaten vor, sondern ist auch in Pampelmusen, Melonen, Aprikosen und Guaven enthalten. In Pillen aufbereitet boomt das Carotinoid zur Zeit in Amerika, und auch bei uns machen bioaktive Stoffe als Tabletten Karriere. Aber niemand weiß bisher, ob das Carotinoid Lycopin als isolierte Substanz dieselbe Wirkung hat wie in Tomaten. Nach allem, was wir wissen, gibt es gute Gründe, daran zu zweifeln.

Wer mit Tomaten besonders viel Lycopin aufnehmen will, muß auf die Zubereitung achten, denn das Carotinoid wird erst durch ausreichendes Erhitzen und eine Fettzugabe(!), z. B. Olivenöl, für den Körper verfügbar. Demnach ist nicht der frische Tomatensalat, sondern die gut gekochte Tomatensauce entscheidend für die Zufuhr dieses „sekundären Pflanzenstoffes". Möglicherweise sind also die in Italien üblichen Spaghetti Bolognaise gesünder als ein ernährungsphysiologisch noch so „ausgewogener" Rohkostsalat.

Sekundäre Pflanzenstoffe – Carotinoide

Carotinoide sind Pflanzenfarbstoffe, die in kräftig roten, gelben und orangefarbenen Gemüsen vorkommen und diesen ihre Farbe geben.

Darüber hinaus sind sie auch in grünen Blättern enthalten. Je dunkler die Farbe, desto höher der Gehalt an Carotinoiden. Carotinoide schützen vor freien Radikalen, unterstützen die Abwehr und verringern das Krebsrisiko.

Sie kommen v. a. in Tomaten, Kürbissen, Möhren, Pfirsichen, Pampelmusen, Aprikosen, Melonen, Brokkoli, Rosenkohl, Grünkohl und Spinat vor.

Gesunde Küche mit der Tomate

Tomaten werden das ganze Jahr über verkauft. In den Wintermonaten handelt es sich um Ware aus Spanien und von den Kanarischen Inseln, im Frühjahr werden hauptsächlich niederländische und belgische Tomaten angeboten. In der Hauptsaison der Tomaten von Juli bis Oktober stehen dem Verbraucher auch einheimische Tomaten in guter Qualität zur Verfügung. Am besten sind natürlich die Saisontomaten, die kein Treibhaus brauchen. Wer sich jahreszeitlich ernähren möchte, sollte seinen Tomatenkonsum auch auf diese Zeit beschränken.

Wenn man die Auswahl zwischen kleineren und größeren Tomaten hat, sollte man zu den kleineren greifen, da sie mit großer Wahrscheinlichkeit aromatischer sind. Wenn man Glück hat, haben die kleinen Kirschtomaten wieder den alten süß-aromatischen Geschmack vergangener Zeiten.

Tomaten reifen in der Küche nach. Sie gehören deshalb nicht in den Kühlschrank, denn dort verlieren sie nur ihr Aroma. Sie sollten auch nicht neben Gurken liegen, denn Tomaten scheiden Ethylen aus, das Gurken vorzeitig altern und vergilben läßt.

Basics

Bei unseren Basisgerichten geht alles garantiert schnell und leicht. Können Sie Kaffee kochen? Dann können Sie auch diese Tomatensuppe kochen!

Für alle unsere Rezepte werden die Tomaten mit Schale zubereitet, nur so kommt man in den vollen Genuß der bioaktiven Substanzen.

Tomaten häuten

Wer doch nicht auf das Häuten der Tomaten verzichten möchte, dem sei dieser Tip verraten: Tomaten halbieren, mit den Schnittflächen nach unten in einen Topf geben und mit etwas Wasser andünsten. Nach einigen Minuten läßt sich die Haut ganz leicht abziehen.

Abb. 40:   Schnelle Tomatensuppe mit Mozzarella

Schnelle Tomatensuppe mit Mozzarella
(für 4 Personen)

```
  1 kg    reife Fleischtomaten
    1     Zwiebel
    2     Knoblauchzehen
  3 EL    Olivenöl
          Salz, Cayennepfeffer
1 Prise   Zucker
   ½ l    Gemüsebrühe
  1 Bd.   Basilikum
  125 g   Mozzarella
```

Die Tomaten waschen und mit der Schale kleinschneiden. Die Zwiebel und den Knoblauch schälen, fein hacken und in dem Olivenöl andünsten. Die Tomatenmasse unterrühren und mit Salz, Pfeffer und Zucker würzen. Alles mit der Gemüsebrühe aufgießen und 20 Minuten zugedeckt köcheln lassen.

Vom Basilikum einige Blätter abzupfen und in schmale Streifen schneiden. Die Tomatensuppe kurz pürieren. Die Basilikumstreifen untermischen und nochmals abschmecken. Die Tomatensuppe in Teller füllen. Den Mozzarella in Scheiben schneiden, leicht erwärmen und mit etwas Olivenöl beträufeln. Die Scheiben auf die Suppe legen, ca. fünf Minuten im Backofen bei 180 °C überbacken und zum Schluß mit einem Blatt Basilikum verzieren.

Dieses Basisrezept läßt sich vielfältig variieren und verfeinern, z. B. mit einem Klacks Sahne oder Crème fraîche oder 20 Gramm gehackten Pistazien. Sie können auch statt des Basilikums acht Salbeiblätter und in Würfeln geschnittene Weißbrotscheiben in einer kleinen Pfanne mit etwas Butter anbraten und die Suppe zum Schluß damit garnieren.

Grundrezept für Tomatensauce
(für 2 Personen)

```
    4       vollreife Fleischtomaten
    1       Schalotte oder Zwiebel
            Stangensellerie
  2 EL      Olivenöl
  1 TL      Tomatenpüree oder -mark
  ½ TL      Zucker
   ½        Lorbeerblatt
1 Zweig     frischer Thymian
    2       Knoblauchzehen
            Salz, Pfeffer
```

Die Tomaten halbieren, die Kerne und die Flüssigkeit herauskratzen, dann in grobe Stücke schneiden. Die Schalotte sehr fein hacken, Stangensellerie in feine Streifen schneiden und im Olivenöl erwärmen, bis sie glasig wird, nicht bräunen. Die Tomatenstücke, Tomatenpüree oder -mark, Zucker, das halbe Lorbeerblatt, den Thymianzweig und die gepreßten Knoblauchzehen dazugeben. Die Mischung etwa eine Viertelstunde bei niedriger Temperatur köcheln lassen. Die Kräuter herausfischen und mit Salz und Pfeffer abschmecken.

Wir haben in diesem Grundrezept mit Absicht Tomatenpüree verwendet, denn auch qualitativ hochwertiges Tomatenmark oder -püree besitzt noch die krebsverhindernden Stoffe.

Rohe Tomatensauce

Dieses Rezept sollten Sie nur zubereiten, wenn wirklich Hochsommer und volle Tomatensaison ist. Nur reife Tomaten eignen sich, dann allerdings ist diese Sauce unübertrefflich gut.

(für 4 Personen)

```
  1 kg    sehr reife Freilandtomaten
    4     Knoblauchzehen
  1 Bd.   Basilikum
    6     grüne Oliven
  8 EL    Olivenöl
          Salz, Pfeffer, frisch gemahlen
```

Die Tomaten halbieren und entkernen. Das Fleisch kleinschneiden. Die Knoblauchzehen pressen, die Basilikumblätter feinschneiden und die Oliven entkernen und ebenfalls kleinschneiden. Alles zusammen mit dem Olivenöl verrühren, mit Salz und Pfeffer abschmecken und mindestens zwei Stunden ziehen lassen. Diese Sauce paßt hervorragend zu Spaghetti, kurzgebratenem Fleisch und zu Reis.

Spaghetti mit kalten Tomaten

Spaghetti wie gewohnt in Wasser mit Öl und Salz kochen, bis sie „al dente", d. h. bißfest, sind. Inzwischen aromatische, feste Tomaten in kleine Stücke schneiden. Die Spaghetti abgießen und in einer heißen Schüssel mit etwas Butter oder Olivenöl mischen und die Tomaten unterheben. Nicht mehr erhitzen, sondern sofort servieren. Mit Basilikum garnieren und frisch geriebenen Parmesan dazu reichen.

Gazpacho – Delikatesse aus Spanien
(für 4 Personen)

ca. 8	aromatische Tomaten
1	Gurke
1	rote Paprika
125 ml	Olivenöl
	Essig
	Chilischoten
	Knoblauch
	Salz
1	grüne oder gelbe Paprika
evtl. 1	Zwiebel
evtl.	Croûtons

Tomaten, halbe Gurke und eine rote Paprika kleinschneiden und mischen, langsam das Olivenöl zugeben, dann Essig und die Gewürze nach Geschmack. Das Gazpacho mindestens eine Stunde kühl stellen.

Die zweite Gurkenhälfte, die grüne oder gelbe Paprika und die Zwiebel würfeln und getrennt, evtl. mit Croûtons garniert, zur Suppe reichen.

Spaghetti Pomodoro
(für 4 Personen)

500 g	Spaghetti
	doppelte Menge Tomatensauce-Grundrezept (siehe *Seite 69*)
1 Bd.	glatte Petersilie
1 Stück	Peperoncino
	Salz, Pfeffer, frisch gemahlen

Spaghetti „al dente" kochen. Der Tomatensauce die feingeschnittene Petersilie und die Peperoncino beigeben, mit Salz und Pfeffer abschmecken. Spaghetti in eine vorgewärmte Schüssel füllen, die Sauce dazugeben, umrühren und sofort servieren. Dazu frisch geriebenen Parmesan reichen.

Tomatenketchup Mittelmeer

Dieser Ketchup enthält keinen zugesetzten Zucker!

500 g	Strauchtomaten, gewürfelt
4 TL	Salz
200 g	gelbe Paprika, fein zerkleinert
100 g	Zwiebeln, kleingehackt
1	Knoblauchzehe, gehackt
200 ml	Kräuteressig nach Geschmack
1 TL	Paprikapulver
1 TL	Worcestersauce
2-3 TL	Kräuter der Provence
½ TL	Oregano
½ TL	Majoran
1 Meßl.	Konfilight flüssig HT
1 Meßl.	Konjac-Konzentrat

Tomaten mit Salz in einem Kochtopf erwärmen und etwa 15 Minuten ziehen lassen. Anschließend die Masse durch ein Sieb streichen und mit dem Paprikapüree, Zwiebelwürfel und Knoblauch sowie Essig und Gewürzen mischen. Das Ganze noch einmal aufkochen lassen. Zuletzt Konfilight und Konjac-Konzentrat hineinrühren. Dieser wunderbar aromatische Ketchup schmeckt besonders gut zu gegrilltem Fleisch oder Gemüse.

Konfilight HT: Konfilight HT besteht aus den Süßstoffen Cyclamat und Acesulfam. Die Mischung eignet sich besonders gut zum Kochen und Backen, da Hitze diese beiden Süßstoffe nicht beeinflußt. 100 Gramm Zucker können durch nur ein Gramm Konfilight-Pulver ersetzt werden.

Abb. 41: Unseren Ketchup Mittelmeer können Sie mit einem Kräuteressig Ihrer Wahl herstellen.

Aus dem Pulver läßt sich sehr einfach ein Flüssigsüßstoff herstellen: Dazu einfach zehn Gramm Konfilight-Pulver mit 100 Millilitern kochendem Wasser aufgießen.

Ratatouille
(für 4 Personen)

4	mittelgroße Tomaten
je 1	Zucchini und Aubergine
100 ml	Olivenöl
1	große Zwiebel, gehackt
3-4	Knoblauchzehen, zerdrückt
½ Glas	Weißwein
	Salz, Pfeffer, frisch gemahlen
	Kräuter, gehackt, z. B. Basilikum, Thymian, Schnittlauch, Petersilie
50 g	geriebener Parmesan

Tomaten schälen, entkernen und in Stücke schneiden, Zucchini und Aubergine waschen und in Scheiben schneiden. Auberginenscheiben mit Salz bestreuen und 30 Minuten stehenlassen. In einer Pfanne das Öl erhitzen und die gehackte Zwiebel darin anbraten. Knoblauch und die Zucchini- und Auberginenscheiben dazugeben und goldbraun braten. Tomatenstücke und Wein unterrühren und zugedeckt eine halbe Stunde köcheln lassen. Mit Salz und Pfeffer abschmecken und die gehackten Kräuter untermischen. Zum Schluß den Parmesankäse darüberstreuen und heiß servieren.

Griechischer Bauernsalat
(für 4 Personen)

ca. 8	(500 g)	Tomaten
1		Salatgurke
1		Zwiebel
100 g		entkernte schwarze Oliven
evtl. 30 g		Anchovisfilets
		Saft von 1 Zitrone
5 EL		Olivenöl
		Salz, Pfeffer
200 g		Schafskäse
		einige Basilikumblättchen

Tomaten waschen, Stielansatz entfernen und in Viertel schneiden. Die Gurke waschen und ungeschält in dünne Scheiben schneiden. Die geschälte Zwiebel in feine Ringe schneiden. Alle Salatzutaten in eine Schüssel geben und mit den abgetropften Oliven mischen. Die Anchovisfilets in Stücke teilen und zu dem Salat geben. Den Zitronensaft und das Olivenöl dazugeben und mit Salz und Pfeffer abschmecken. Zum Schluß den in kleine Würfel geschnittenen Schafskäse und die Basilikumblättchen locker unter den Salat mischen. Sofort servieren.

Bruschetta con Pomodori
(für 6 Personen)

6	Scheiben Bauernbrot
3	Knoblauchzehen
3 EL	Olivenöl
6	vollreife Fleischtomaten
	Basilikumblätter
	Salz, Pfeffer, frisch gemahlen

Das Brot in Scheiben schneiden und im 200 °C heißen Ofen einige Minuten anrösten. Koblauchzehen schälen und halbieren. Die halbierten Zehen kräftig auf dem Brot verreiben und mit Olivenöl beträufeln. Die Tomaten halbieren, die Flüssigkeit und Kerne entfernen und fein würfeln. Die Knoblauchzehen und die Basilikumblätter fein hacken, zu den Tomaten geben und mit den Gewürzen abschmecken. Die Tomatenmasse auf dem gerösteten Brot verteilen. Eventuell nochmals mit Olivenöl bestreichen und mit Basilikumblättern garnieren.

Das besondere Rezept

Tomatendrink
(für 3-4 Gläser)

1	Schalotte oder kl. Zwiebel
2	Knoblauchzehen
¼ l	Tomatensaft
¼ l	Kefir oder Buttermilch
	Edelsüßpaprika, Salz, Pfeffer, frisch gemahlen
	Tomatenscheibe und Basilikumblätter zum Garnieren

Schalotte und Knoblauchzehen putzen und würfeln. Tomatensaft, Kefir oder Buttermilch mischen, die gewürfelten Gemüse dazugeben und mit dem Schneidstab des Handrührers pürieren. Mit den Gewürzen abschmecken. In ein Glas geben und mit einer Tomatenscheibe und/oder Basilikumblättern garnieren.

Tomatenquark
(für 4 Personen)

500 g	Magerquark
125 g	Kefir
3 EL	Olivenöl
1 Tasse	Kräuter, z. B. Schnittlauch, Basilikum, Petersilie
300 g	Tomaten
	Salz und Pfeffer

Den Quark mit dem Kefir und dem Olivenöl glattrühren. Die Kräuter kleinschneiden und unter den Quark mischen. Zum Schluß die fein gewürfelten Tomaten unter den Quark ziehen. Mit Salz und Pfeffer abschmecken. Mit Tomatenvierteln verziert zu Pellkartoffeln servieren.

Abb. 42: Tomatenquark schmeckt am besten zu Pellkartoffeln.

Tomatenrisotto
(für 4 Personen)

1	Zwiebel, feingehackt
2 EL	Olivenöl
¾ l	heiße Brühe
250 g	Jasmin- oder Basmatireis
500 g	Tomaten
2 EL	geriebener Parmesan
	Salz und Pfeffer
	Kräuter, gehackt, z. B. Schnittlauch, Petersilie, Basilikum, Oregano

Eine mittelgroße Zwiebel schälen, fein hacken und in einem Eßlöffel Olivenöl hellgelb braten. Danach mit Dreiviertel Liter heißer Gemüse- oder Fleischbrühe aufgießen und den Reis zufügen. Den Reis kurz aufkochen und dann zugedeckt ca. 20 Minuten bei geringer Hitze garen. Tomaten in kleine Würfel schneiden und unter die Tomatenwürfel einen Eßlöffel Olivenöl und zwei Eßlöffel Parmesan mischen und zu dem gegarten Reis geben. Alles gut vermischen und mit Salz und Pfeffer abschmecken. Zum Schluß die kleingeschnittenen Kräuter dazugeben und sofort servieren.

Lasagne mit Schinken und Tomaten
(für 4 Personen)

Für die Lasagneblätter:

250 g	Mehl
2	Eier
1 EL	Wasser
½ TL	Salz

Alle Zutaten für den Teig in eine Schüssel geben und daraus einen glatten, festen Teig kneten. Ca. 30 Minuten ruhen lassen. Auf einer bemehlten Arbeitsfläche so dünn wie möglich ausrollen und Rechtecke in der Größe der Lasagneform schneiden.

Wem die Zubereitung selbstgemachter Lasagneplatten zu aufwendig ist, kann auch fertige Lasagneplatten verwenden (ca. 250 Gramm).

Für die Füllung:

200 g	Parmaschinken oder anderen Rohschinken
250 g	Tomaten
2	Schalotten
200 g	frische Champignons
1 EL	Olivenöl
	Salz und Pfeffer
	Kräuter, gehackt, z. B. Basilikum, Oregano, Thymian

Parmaschinken, Tomaten, Schalotten und Champignons kleinschneiden, in Olivenöl andünsten und mit Salz und Pfeffer abschmecken. Ca. zehn Minuten im geschlossenen Topf auf kleiner Flamme schmoren lassen. Danach die gehackten Kräuter unterrühren.

Für die Béchamelsauce:

40 g	Butter
40 g	Mehl
½ l	Milch
	Salz und Pfeffer zum Würzen
1 EL	Schnittlauchröllchen

Zum Überbacken:

3–4 EL	Parmesankäse

Die Butter erhitzen und das Mehl darüberstäuben. Unter Rühren die Milch zugeben und ca. fünf Minuten kochen lassen. Mit Salz und Pfeffer würzen und die Schnittlauchröllchen zugeben. Eine feuerfeste Form mit Butter oder Olivenöl einfetten. Lasagneplatten und die beiden Saucen abwechselnd in die Lasagneform schichten. Mit geriebenem Parmesan und Butterflocken bedecken und 30 bis 40 Minuten bei 200 °C überbacken. Form aus dem Ofen nehmen und sofort servieren.

Tomaten-Basilikum-Quiche
(für 4 Personen)

Für den Teig:
- 250 g Mehl
- Salz
- 1 Ei
- 100 g Butter

Alle Zutaten für den Teig mischen, gut verkneten und etwa 30 Minuten kalt stellen. Den gekühlten Teig dünn ausrollen und eine gefettete Tarte-Form damit auslegen.

Für den Belag:
- 500 g Tomaten
- ca. 25 g frisches Basilikum
- 2 Eigelb
- 200 ml Sahne
- Salz und Pfeffer nach Geschmack

Die Tomaten waschen, Stielansatz entfernen, in Scheiben schneiden und schuppenförmig auf den Teig legen. Basilikum waschen, die Blättchen abzupfen und fein hacken. Einige schöne Basilikumblättchen zum Garnieren aufheben. Eigelb mit der Sahne verquirlen, mit Salz und Pfeffer kräftig würzen und das gehackte Basilikum unterrühren. Die Sahne-Ei-Mischung gleichmäßig über die Tomaten gießen und mit Basilikumblättchen verzieren. Im vorgeheizten Backofen bei 180 °C ca. 40 Minuten backen. Heiß servieren.

Fischfilet mit Tomaten
(für 4 Personen)

Für die Tomatensauce:
- 500 g Tomaten
- 1 rote Paprikaschote
- 1 Zwiebel
- 3 Knoblauchzehen
- 2 EL Olivenöl
- Salz und Pfeffer
- einige Tr. Tabasco

Die Tomaten in kleine Stücke schneiden. Die Paprikaschote halbieren, von Samensträngen und Stengelansatz befreien, waschen und würfeln. Die Zwiebel und die Knoblauchzehen schälen und fein hacken. Olivenöl in einem Topf heiß werden lassen und die gehackten Zwiebel- und Knoblauchzehen darin kurz anbraten. Tomaten- und Paprikastückchen dazugeben, unter Rühren ca. fünf Minuten dünsten und mit Salz, Pfeffer und einigen Tropfen Tabasco abschmecken.

Abb. 43: Tomaten-Basilikum-Quiche

Für den Fisch:
- 4 Fischfilets (Kabeljau, Seelachs oder Rotbarsch)
- Salz
- 3 EL Olivenöl
- einige Basilikumblättchen zum Verzieren

Fischfilets waschen, abtrocknen und salzen. In einer Pfanne drei Eßlöffel Olivenöl erhitzen und die Filets darin von beiden Seiten jeweils zwei Minuten anbraten. Die vorbereitete Tomatensauce zu den Fischfilets geben und alles zusammen

nochmals ca. fünf Minuten garziehen lassen. Mit Basilikumblättchen garnieren und mit gedünsteten Kartoffeln sofort servieren.

Finger Food

Italian Sandwich
(für 4 Personen)

1 Kugel	Mozzarella
3	Fleischtomaten
1	Zwiebel
3	Salatblätter
	einige Stiele Basilikum
	Ciabatta oder Baguette
	Olivenöl
	Salz, Pfeffer, frischgemahlen
	Balsamicoessig

Abb. 44: Pan-Bagna ist das typische Sandwich der Provence.

Den Mozzarella abtropfen lassen und in Scheiben schneiden. Die Tomaten in Scheiben, die Zwiebel in Ringe schneiden. Salat und Basilikum waschen und trockenschleudern. Das Brot halbieren und mit Olivenöl beträufeln. Dann mit dem Käse, den Tomaten und Zwiebelringen sowie den Salatblättern belegen und mit Salz, Pfeffer und etwas Balsamicoessig würzen.

Tomaten-Salsa
(für ca. 6 Portionen)

12	vollreife Fleischtomaten
3	Limetten oder Zitronen
2 EL	Koriander, gehackt
	Salz, Pfeffer, frisch gemahlen
	Tabasco
6 EL	Olivenöl
	Chips

Die Tomaten halbieren, entkernen und fein würfeln. Den Saft der Limetten und die Gewürze zufügen und mit dem Schneidstab des Handrührers pürieren. Kalt stellen. Nach einigen Stunden die überflüssige Flüssigkeit abgießen. Das Olivenöl zugeben und verrühren. Mit Chips zum Dippen servieren.

Pan-Bagna
Pan-Bagna ist das typische Sandwich der Provence und in der ganzen Mittelmeerregion bekannt. Man kauft es in kleinen runden Laiben für eine Person oder in größeren sogenannten Haushaltslaiben für vier Personen. Als Ersatz für Pan-Bagna kann man Fladenbrot verwenden, das man in jedem türkischen Laden frisch erhält.

(für 4 Personen)

1	Haushaltslaib Pan-Bagna oder 1 Fladenbrot
	Olivenöl
500 g	Tomaten
	Salz und Pfeffer
1	Zwiebel
125 g	schwarze Oliven
1 Dose	Anchovis
einige	schöne Salatblätter
2	hartgekochte Eier

Das Brot der Breite nach wie eine Semmel in zwei Hälften schneiden und reichlich mit Olivenöl bestreichen. Sind sie gut vollgesogen, legt man die untere Hälfte des Brotes auf einen Teller und belegt sie mit den in Scheiben geschnittenen Tomaten, streut etwas Salz und Pfeffer darüber, dann die in feine Ringe geschnittene Zwiebel, die entkernten Oliven, die Anchovisfilets, einige Salatblätter und Eierscheiben darüberlegen. Darauf deckt man die zweite Brothälfte wie einen Deckel. Dann legt man einen Teller auf den oberen Brotdeckel und läßt alles eine gute halbe Stunde durchziehen.
Man kann das Fladenbrot auch vor dem Belegen in Stücke teilen und dann wieder zusammensetzen.
Tip: Die Verwendung von reichlich Olivenöl ist eine gute und gesunde Grundlage für den späteren Rotweingenuß.
Variation: Verwenden Sie statt der Salatblätter Artischockenböden und Selleriescheiben, die vorgekocht werden müssen, sowie einige Champignons.

Die Hirse des Propheten: Kefir

„Etwas Tiefverborgenes mußte hinter den Dingen stecken."
(Albert Einstein, 1879 – 1955)

Den Ursprungsort des „Champagners unter den Milchgetränken" vermuten Experten in dem Ort Karatschai im Elbrusgebirge. Nach einer alten Überlieferung der Osseten, einem Volk im Kaukasus, verdankt der Kefir seine Existenz einem Transportproblem. Die Osseten kannten in früheren Zeiten keine Flaschen oder gar Plastikbehälter. Sie transportierten Wasser und Milch in einem sogenannten „Burdük". Ein Burdük ist ein Behälter aus geräucherter Tierhaut genäht. Reisende befestigten ihren Burdük seitlich am hölzernen Eselsattel oder an ihrem Pferdekarren, dem „Arba". Durch die ständigen Stöße und das Schaukeln auf den unbefestigten und holprigen Gebirgspfaden kam die Milch in intensiven Kontakt mit der Tierhaut und wurde in der Hitze des Tages kräftig geschüttelt. Die Überraschung erlebte ein ossetischer Bauer dann am Lagerplatz. Nachdem er seinen Burdük zur Kühlung einige Zeit in eine Quelle gelegt hatte, öffnete er ihn, um die Erfrischung zu trinken. Doch es floß keine Milch mehr aus dem Burdük, sondern es kamen seltsame kleine harte Kügelchen zum Vorschein und ein dickflüssiges prickelndes Getränk von ungeheurem Wohlgeschmack. Der Kefir war geboren!

Die kaukasischen Bergbauern sind muslimische Gläubige, die den Kefir als Geschenk des Propheten betrachteten. Die seltsamen kleinen harten Kügelchen, aus denen der Kefir entsteht, nannten sie: „Die Hirse des Propheten". Die Osseten schätzten fortan ihren Kefir so sehr, daß sie das Geheimnis seiner Herstellung lange Zeit mit Erfolg vor Fremden geheimhielten. Viele Jahrhunderte kannte niemand den Kefir außer zwei Gebirgsstämmen im nördlichen Kaukasus, den Osseten und den Karbadinern.

Die Osseten und Karbadiner waren davon überzeugt, daß Kefir nur für ihre Volksgruppe seine wunderbaren Wirkungen entfaltet. Sollte er in die Hände von Ungläubigen geraten, würde er seine Heilkräfte verlieren. Doch gute Dinge lassen sich nicht auf Dauer geheimhalten. 1867 drangen erste schriftliche Berichte über die „Kaukasische Medizinische Gesellschaft" nach außen. Einige Jahre später führte Dr. Eduard Kern den Kefirpilz als erster außer Landes. Seine Publikation über das „wunderbare" Getränk von 1881 machte den Kefir international bekannt, vor allem in Rußland und in Europa.

Vor Anfang an wurden mit dem Kefir Legenden von agilen 100jährigen und Männern, die mit 80 noch Väter werden, verknüpft. Der Siegeszug des Kefirs war nicht mehr zu stoppen, er galt bald als Geheimtip unter den Therapien bei Lungenkranken, Magenpatienten und gegen alle möglichen Alterserscheinungen.

1881 wurde in Jalta sogar eine Spezial-Kefir-Klinik für Lungenkranke gegründet. Der sagenhafte Ruf des neuen „Wundermittels" führte um die Jahrhundertwende zu einer ganzen Reihe von Gründungen sogenannter „Kefiranstalten", besonders in Rußland.

Ein deutsches Lehrwerk über Naturheilverfahren von 1892 widmet dem Kefir schon ein eigenes Kapitel. Da heißt es: *„Die Nomadenvölker des südlichen und südöstlichen Rußland bereiten seit undenklicher Zeit aus Stutenmilch ein moussierendes Getränk (Kumiß), indem sie die Milch der Stuten mit sogenannten Kefirkörnern vergären lassen. Diese Kefirkörner sind im frischen Zustand blumenkohlartige Gebilde, welche aus verschiedenen kleinen Wesen zusammengesetzt sind, die in Lebensgemeinschaft (Symbiose) stehen, wie man dieses bei niederen Organismen des öfteren findet. Da Stutenmilch nicht überall erhältlich ist, wurde an deren Stelle Kuhmilch verwendet und das mit Hilfe der Kefirkörner daraus hergestellte Präparat hat sich unter dem Namen Kefir einen dauernden Platz sowohl als Ernährungs- wie auch als Kräftigungs- und Heilmittel erworben."*

Was ist eigentlich Kefir?

Die seltsamen kleinen harten Kügelchen, die der ossetische Bauer in seinem Burdük gefunden hatte, sind der sogenannte „Kefir-Pilz". Dieser besteht aus einer Ansammlung von kugel- und stäbchenförmigen Milchsäurebakterien, Hefepilzen und anderen Mikroorganismen,

Abb. 45: Bei dem Kefir-Pilz handelt es sich strenggenommen nicht um einen Pilz, sondern um eine Symbiose aus Bakterien und Hefen.

die aus Milch Kefir werden lassen. Der „Kefir-Pilz" ist damit strenggenommen auch kein Pilz, sondern eine Symbiose verschiedener Bakterien und Hefen. Diese Zusammenballung unterschiedlicher Mikroorganismen wird auch Kefir-Korn oder Kefir-Samen genannt. Die sogenannten Kefir-Pilze sind von großer Individualität. Jede Großfamilie züchtete ihren eigenen Stamm mit unverwechselbarem Geschmack. Der Kefir-Pilz wurde lange Zeit nur als lebender Organismus weitergegeben. Er gehörte zur Familie wie ein Haustier, wurde durch Teilung vermehrt und weitervererbt.

Kefir ist das einzige Milchprodukt, an dessen Entstehung auch Hefepilze beteiligt sind. Hier liegt das Geheimnis des besonderen Geschmacks und auch seiner besonderen Wirkung: gleichzeitig mit der Milchsäuregärung vergärt der Hefepilz den Milchzucker zu Alkohol, Kohlendioxid und speziellen Aromastoffen. Im Gegensatz zu allen anderen Mitgliedern der großen Familie der Milchprodukte enthält Kefir nämlich Alkohol in medizinischen Dosen. Der Alkoholgehalt ist schwankend und liegt zwischen 0,1 bis 0,6 %. Diese Menge ist auch für Kinder unbedenklich. Das Kohlendioxidgas wird im Kefir zur Kohlensäure und gibt ihm seine unverwechselbare krümelige Konsistenz und die prickelnde Frische. Ursprünglich wurde Kefir aus der Milch der Haustiere hergestellt, die im Kaukasus heimisch sind. So gab es Kefir aus Ziegen-, Schaf-, Kuh- und sogar aus Stutenmilch. Kefir aus Pferdemilch nennt sich „Kumyss". Kumyss, auch Kumiss genannt, tranken die Menschen in der Mongolei und Kasachstan, eine Region, die für ihre großen Pferdeherden bekannt ist. Schon Marco Polo lernte auf einer seiner Weltreisen den Kumiss kennen und lobte den guten Geschmack des „weißen Weins". Auch bei den Reitervölkern der Mongolei diente ein Behälter aus geräucherter Tierhaut, hier aus Pferdehaut, als Braukessel. Der Kumiss-Sack hing traditionell am Eingang der Jurte. Entsprechend einer alten Regel mußte jeder, der am Hauszelt vorbeikam, den Sack schütteln, um das beliebte Getränk in Gärung zu halten. Ähnliche Berichte gibt es aus dem Kaukasus. Auch dort hingen die Kefirsäcke an den Hauseingängen, als Einladung, sich an der Kefirproduktion und vielleicht auch am Genuß zu beteiligen. Heute wird Kefir fast ausschließlich aus Kuhmilch hergestellt, doch dem Kefir aus Ziegenmilch wird von alters her die größte Heilwirkung zugesprochen. Erst in den dreißiger Jahren gelang es, Kefir auch industriell herzustellen. Als Massenware aus der Fabrikproduktion verlor das Getränk jedoch auch seinen legendären Ruf, der eng mit der hohen Qualität der Produkte in Selbstherstellung verknüpft war. Das ließ die Hobbythek nicht ruhen, und so machten wir uns auf die Suche nach unserer eigenen Kefirkultur. Unsere Kefirkultur **KeFiDa** basiert auf der besonders gesunden Milchsäurebakterienkultur der Hobbythek LaBiDa, die mit einem Hefepilz kombiniert wurde. Das Ergebnis hat schon viele Kefir-Fans überzeugt. Näheres dazu und viele Rezepte mit dieser Kefirkultur, die sogar probiotische Eigenschaften aufweist, finden Sie in unserem Hobbythekbuch „Joghurt, Quark und Käse".

Wenn Sie dennoch gerne Ihren eigenen echten Kefir-Pilz zu Hause haben möchten und niemanden kennen, der Ihnen einen „Ableger" abgibt, dann können Sie sich einen Pilz guter Qualität auch schicken lassen (Bestelladresse siehe *Seite 95*).

Was bedeutet der Name „Kefir"?

Großes Rätselraten herrscht um den Ursprung des Namens „Kefir". Die vielfältigen phantasievollen Erklärungsversuche geben recht gut wieder, was die Menschen mit diesem Lebensmittel so alles verbinden. Je nach Nationalität und Sichtweise soll das Wort „Kefir" mal vom türkischen Kef (= gärend, berauschend) kommen, mal von „Kiaf" (= Schaum), dem ossetischen Wort „Kefy" (= beste Qualität) oder von „K'apu" (= Kefirferment) herrühren.

Warum ist Kefir auch für uns interessant?

In allen Kulturen gibt es Lebensmittel, denen eine lebensverlängernde Wirkung nachgesagt wird. Die Völker des Kaukasus, die früher tatsächlich eine hohe Lebenserwartung hatten, führten ihre Gesundheit in erster Linie auf „ihren Kefir" zurück. Die modernen Ernährungsforscher machten jedoch noch eine ganze Reihe anderer Faktoren aus, die den Bergvölkern ein rüstiges Alter bescherten. Dazu gehörte das gute Wasser, die körperliche Arbeit im Freien, der verbreitete Verzehr von Knoblauch und wenig Fleisch. Heute haben sich die Lebensgewohnheiten auch im Kaukasus den unseren angeglichen, und die Lebenserwartung ist gesunken. Was ist also dran am Kefir?

Die späte Entdeckung des Kefirs gegen Ende des letzten Jahrhunderts hat ihn von Anfang an zu einem Lieblingsobjekt der Forschung gemacht – letztlich ohne großen Erfolg. In gewisser Weise hat der Kefir sein Geheimnis bis heute nicht preisgegeben. In vielen Punkten sind wir weiterhin auf Spekulationen angewiesen. Tatsache ist nur, daß der besondere Prozeß einer kombinierten Fermentation von Pilzen und Bakterien den Kefir zu einem Produkt macht, das andere Eigenschaften und damit auch andere Wirkungen hat als alle anderen Sauermilchprodukte.

Der erste, der sich auf die Fährte machte, den Zauber des Kefirs wissenschaftlich zu erklären, war der russische Arzt und Bakteriologe Ilja Metschnikow. Seine Arbeit am Pariser Institut Pasteur über die Rolle der Freßzellen, der Phagozyten, für unser Immunsystem fand weltweite Beachtung. 1908 bekam er den Nobelpreis für Medizin. Ilja Metschnikow war überzeugt davon, daß die robuste Gesundheit und die hohe Lebenserwartung der Bulgaren auf deren Verzehr von Joghurt und Kefir zurückzu-

Abb. 46:   Der russische Arzt und Bakteriologe Ilja Metschnikow (1845 – 1916).

führen sei. Er wußte bereits damals, daß Bakterien uns nützen und das Immunsystem im Darm stimulieren können. Auch seine eigene Gesundheit führte er auf den regelmäßigen Genuß von Kefir zurück. Die moderne Forschung bestätigt die positiven Wirkungen von Kefir. Verschiedene Studien empfehlen für Kefir-Kuren eine Mindestmenge von 250 Gramm Kefir pro Tag. Unstrittig ist seine antibiotische Wirkung. Sie ist besonders für Lungen- und Magenleiden vielfach nachgewiesen worden.

Sowjetische Kinderärzte empfehlen Heranwachsenden generell, gesäuerte Milch, besonders Kefir, der ungesäuerten Milch vorzuziehen. Fermentierte Milchprodukte sind besser verträglich für empfindliche Kindermägen, helfen bei Verdauungsstörungen und Überempfindlichkeitsreaktionen. Der verminderte Milchzuckergehalt und die speziell beim Kefir auftretende flockige Gerinnung des Milcheiweißes machen Kefir gut verdaulich. Durch den Hefepilz im Kefir werden die Eiweißstoffe in der Milch so günstig aufgespalten, daß eine Art Vorverdauung der Milch stattfindet. Die eigenwillige Symbiose von Bakterien und Hefepilzen scheint die wertvollen Inhaltsstoffe des Kefirs besonders gut für den menschlichen Organismus aufzubereiten. Nicht, was wir essen, sondern nur das, was wir auch gut verdauen, kann im Stoffwechsel wirksam werden. Die Verfügbarkeit der Wirkstoffe für den menschlichen Körper wird möglicherweise noch durch den Alkohol und die Kohlensäure im Kefir erhöht. Etwas Alkohol löst die Inhaltsstoffe und erleichtert die Darmpassage. Wie auch beim Wein der Traubensaft nicht so wirksam ist wie der vergorene Saft, so mag beim Kefir das Geheimnis seiner überlegenen Wirkung nicht in den Inhaltsstoffen selber liegen, sondern in ihrer Bioverfügbarkeit. Das spricht dafür, sich bei der täglichen Qual der Wahl zwischen all den Milchprodukten für Kefir zu entscheiden – selbstgemacht natürlich!

Die Inhaltsstoffe von Kefir

Mineralstoffe: Calcium, Eisen, Jod
Vitamine: Vitamin A, Vitamin D, Vitamin B_1, Vitamin B_2, Niacin, Vitamin B_6, Vitamin B_{12}, Folsäure
Weitere Inhaltsstoffe: Proteine, Polysaccharide, Milchsäurebakterien, Hefepilze, Alkohol, Kohlensäure

Kefir-Rezepte

Bei industriell hergestelltem Kefir wölbt sich manchmal der Deckel der Verpackung. Da die Gärung der Hefe bei echtem Kefir auch nach dem Abfüllen weitergeht, ist das kein Zeichen für Verderb. Im Gegenteil: Der gewölbte Deckel bürgt für echte Hefegärung und damit für Qualität und den frischen Geschmack. Denn im Gegensatz zur Milchsäuregärung, bei der aus Milchzucker Milchsäure wird, entsteht bei der Hefegärung im Kefir auch Kohlendioxid wie bei der alkoholischen Gärung. Und durch dieses Kohlendioxid wölbt sich der Deckel. Viele Kunden sind von dem Anblick der aufgeblähten Deckel verunsichert und halten das Produkt für verdorben. Bei anderen Milcherzeugnissen würde das auch zutreffen, nicht aber bei Kefir. Dennoch sind einige Hersteller dazu übergegangen, den Hefeanteil im Kefir zu reduzieren oder gar ganz wegzulassen. Damit ist das Produkt aber auch kein Kefir mehr, sondern eher ein Sauermilchgetränk. Um solchen Verfälschungen aus dem Weg zu gehen, stellt man sich seinen Kefir besser selber her. Da stimmt die Qualität und auch der Preis! Und mit unserer KeFiDa-Kultur hat Ihr Kefir sogar noch probiotische Eigenschaften!

Basics

Kefir-Grundrezept

> 1 Msp. KeFiDa
> 1 l zimmerwarme H-Milch oder abgekochte und wieder abgekühlte Frischmilch

KeFiDa in die zimmerwarme Milch in einen Joghurtbereiter geben und bei 28 bis 30 °C zwölf Stunden fermentieren. Bei der Zubereitung in Portionsgläsern zuerst einen Liter Milch mit einer Messerspitze KeFiDa gut vermischen, erst dann in die einzelnen Gläser verteilen und zwölf Stunden im Joghurtgerät fermentieren.

Die herkömmlichen Joghurtgeräte arbeiten bei Temperaturen zwischen 38 und 42° C, das ist für die Kefirkultur viel zu heiß. Ein vorgeschalteter Widerstand sorgt dafür, daß sich die Heizspirale des Joghurtautomaten nur noch auf 28 bis 30° C erwärmen kann. Diesen Widerstand gibt es fertig als Zwischenstecker zu kaufen und kostet im Handel ca. 10 DM. Oder Sie kaufen sich zur Kefirherstellung einen Quarkautomaten, der die geforderte Temperatur liefert, oder – noch besser – einen sogenannten Quajoautomaten, mit dem Sie die Temperatur variieren und sowohl Joghurt als auch Quark und Kefir herstellen können.

Für den Genuß von Kefir pur sind die Portionsgläschen ideal. Sie sind auch für Single-Haushalte zu empfehlen, da kleine Mengen immer hygienisch frisch zur Verfügung stehen.

Kefir-Shake mild
(für 4 Gläser)

2	Bananen
1 kl.	Honigmelone
	Saft von 2 Zitronen oder
	1 EL Frusip's Zitrone-Limette
500 g	Kefir, selbstgemacht (siehe *Seite 78*)
1 EL	Frusip's Kokos

Bananen und entkernte Honigmelone kleinschneiden, mit dem Zitronensaft oder Frusip's im Mixer pürieren, mit Kefir auffüllen und Frusip's Kokos unterrühren. Alle Zutaten sollten gut gekühlt sein.
Serviervorschlag: Hohe Gläser am Rand mit Zitronensaft einreiben, den Rand dann in Zucker drücken. Den Kefir-Shake hineingießen, mit Strohhalm servieren.
Variation: Für den Kefir-Shake können der Saison entsprechend auch andere Früchte verwendet werden.

Kefir-Shake würzig
(für 6-8 Gläser)

10	grüne Salat- oder Spinatblätter
2 Zweige	Petersilie, etwas Schnittlauch
300 g	Tomaten
1	grüne Paprikaschote
750 g	Kefir, selbstgemacht (siehe *Seite 78*)
	Muskatnuß, frisch gemahlen
	weißer Pfeffer, frisch gemahlen
	Tabasco, Salz

Den Salat und die Kräuter waschen und trockentupfen oder trockenschleudern und grob schneiden. Die Tomaten aufschneiden, entkernen und würfeln. Die Paprikaschote waschen, halbieren, Kerne, Trennwände und Stielansatz entfernen und ebenfalls würfeln. Alles in einen Mixer geben und pürieren. Den Kefir zugießen. Mit den Gewürzen abschmecken. Gut gekühlt mit einem Kräuterblatt oder einer Zitronenscheibe garniert servieren.

Abb. 47: Den Kefir-Shake können Sie in den Variationen „mild" und „würzig" genießen.

Crème-fraîche-Kefir

500 g	wärmebehandelte Sahne (30 % Fett i. Tr.)
1 Msp.	KeFiDa

Die Sahne mit der KeFiDa-Kultur versetzen und zwölf Stunden fermentieren (siehe *Seite 78*). Eine günstige Delikatesse: 200 Gramm wärmebehandelte Sahne kostet im Schnitt 0,69 DM, 150 Gramm Crème fraîche dagegen mindestens 1,39 DM, meistens mehr!

Das besondere Rezept

Party-Mix
(für 4 Personen)

500 g	Kefir, selbstgemacht (siehe *Seite 78*)
2	Bananen
2 EL	Honig
1 Glas	Kirschsaft
1 Glas	Weißwein

Gut gekühlten Kefir, Früchte und Honig in den Mixer füllen und fein pürieren. Zum Schluß Saft und Wein dazugeben und kurz mischen. Sofort servieren. Dieser Drink ist ein ideales Partygetränk, das relativ wenig Alkohol enthält.

Kefir-Weinbowle
(für 4-6 Personen)

½ Flasche	trockener Riesling
500 g	Früchte der Saison
500 g	Kefir, selbstgemacht (siehe *Seite 78*)
½ Flasche	Mineralwasser

Riesling in ein großes Gefäß füllen und die gewaschenen, getrockneten und eventuell zerkleinerten Früchte hineingeben. Einige Früchte zurückbehalten. Über Nacht stehenlassen. Die Früchte abseihen und den Kefir mit dem Schneebesen unter den aromatisierten Wein rühren. Mit Mineralwasser auffüllen und kalt stellen. In hohe Gläser füllen und mit den Früchten oder Blättern garnieren.

Müsli mit Kefir
(für 2 Personen)

6 EL	Hafer- oder Dreikornflocken
1-2 EL	grob gehackte Walnüsse oder Haselnüsse
je 1	Apfel, Banane und Kiwi
125 g	Quark
150 g	Kefir, selbstgemacht (siehe *Seite 78*)
2 EL	Honig
	Saft von 1 Orange

Die Flocken und Nüsse in Müslischälchen füllen, die geschälten und in kleine Stücke geschnittenen Früchte darüber verteilen. Quark und Kefir mit dem Honig und dem Orangensaft verrühren und diese Mischung über die Früchte geben. Die Früchte können der Jahreszeit entsprechend gewählt werden. Statt Orangensaft können Sie auch Zitronensaft verwenden.

Kefirbrot

Ersetzt man bei der Zubereitung von Hefeteig die im Rezept angegebene Flüssigkeit (Wasser oder Milch) durch Kefir, so erhält man einen sehr lockeren Hefeteig:

1 Würfel	frische Hefe
500 g	Kefir, selbstgemacht (siehe *Seite 78*)
1 TL	Salz
500 g	Weizen- oder Dinkelvollkornmehl
1 EL	Getreideflocken

Die Hefe in dem Kefir auflösen, dann Salz und Mehl dazugeben und alles gut verrühren. Den Teig in eine eingefettete, mit Getreideflocken bestreute Kastenform füllen und in den kalten Backofen stellen. Eine Stunde bei 200 °C (Heißluftherd bei 180 °C) backen. Das heiße Brot auf der oberen Seite mit etwas Wasser bepinseln und auf einem Kuchengitter auskühlen lassen.
Man kann den Teig auch durch die Zugabe einer Tasse Sesam-, Sonnenblumenkörner, Leinsaat oder ähnliches in seiner Ballaststoffbilanz verbessern.

Kefir-Fruchtgelee
(für 4 Portionen)

1 Päck.	gemahlene Gelatine
3 EL	Wasser
500 g	Früchte, z. B. Ananas, Aprikosen, Erdbeeren evtl. Honig
500 g	Kefir, selbstgemacht (siehe *Seite 78*)

Die Gelatine in drei Eßlöffeln kaltem Wasser etwa fünf Minuten einweichen und erwärmen (nicht kochen), bis sie gelöst ist und etwas abkühlen lassen. Die Früchte im Mixer pürieren, eventuell mit Honig süßen, Kefir und lauwarme Gelatine in den Mixbecher geben und nochmals kurz durchmixen. Die Creme in Portionsschälchen geben und ca. zwei Stunden im Kühlschrank erstarren lassen.

Tzatziki mit Kefir
(für 4 Portionen)

1 kl.	Salatgurke
3-4	Knoblauchzehen
250 g	Kefir, selbstgemacht (siehe *Seite 78*)
100 g	Quark
2 EL	Olivenöl
je 1 EL	Dill, Kresse, Schnittlauch
4 EL	gemahlene Haselnüsse
	Salz und schwarzer Pfeffer

Die Gurke schälen, längs halbieren, die Kerne mit einem Teelöffel herauskratzen und die Gurkenhälften fein würfeln oder mit einer groben Raffel reiben, mit Salz bestreuen und ca. zehn Minuten stehenlassen. Danach die Gurke gut ausdrücken. Die Knoblauchzehen schälen und fein hacken.
Den Kefir mit dem Quark und dem Öl verrühren. Die gehackten Kräuter, den Knoblauch, die Gurken und die Haselnüsse zufügen und mit dem Kefirquark mischen. Das Tzatziki mit Salz und Pfeffer abschmecken und vor dem Servieren gut kühlen.
Tzatziki gehört zu den Standardrezepten jeder griechischen Hausfrau und kann nach eigenem Geschmack abgewandelt werden. Die Haselnüsse können durch gekochte, durchgepreßte Kartoffeln ersetzt werden. Statt Kresse kann auch Zitronenmelisse verwendet werden.

Kefir-Salatkräutercreme

    125 g   Sahne
    2 Msp. Salz
    125 g   Kefir, selbstgemacht
            (siehe *Seite 78*)
     2 EL   Kräutersenf
            frische Kräuter, z. B. Schnitt-
            lauch, Petersilie, Kresse, Kerbel
            oder Basilikum

Die Sahne mit dem Salz steif schlagen, Kefir, Senf und die feingehackten Kräuter unterziehen. Diese Creme eignet sich sehr gut zu allen Salaten. Die vorbereiteten Salate werden erst bei Tisch mit der Kräutercreme übergossen.

Kefir-Fruchteis
(für 4 Portionen)

    300 g   Kefir, selbstgemacht
            (siehe *Seite 78*)
    250 g   Brombeeren
     1 EL   Zitronensaft oder
            1 TL Frusip's Zitrone-Limette
     2 EL   Frusip's Marzipan
     2 EL   Fruchtsüße HT

Kefir, Früchte und Saft oder Frusip's im Mixer pürieren und mit Fruchtsüße süßen. Die Kefir-Fruchtmasse für 40 Minuten in eine Eismaschine geben.
Fruchtsüße HT: Die helle sirupartige Fruchtsüße HT schmeckt neutral und wird aus Früchten gewonnen. Sie enthält natürliche Zuckerarten, davon 50 % Fructose, 6,5 % Glucose und 3,5 % Saccharose.

Abb. 48: Ein ganz besonderes Dessert: Tiramisu mit Kefir.

Tiramisu mit Kefir
(für 4-6 Personen)

    200 g   Löffelbiskuits
    250 ml Espresso
     3 EL   Orangenlikör oder Amaretto
    250 g   Mascarpone
    250 g   Kefir, selbstgemacht
            (siehe *Seite 78*)
    200 g   Schlagsahne
     2 EL   Zucker
    1 Päck. Vanillezucker oder
            2 EL Frusip's Vanille
    1 Päck. Sahnesteif
     1 TL   Zimt
     10 g   Kakaopulver

Die Löffelbiskuits in eine flache, rechteckige Auflaufform legen. Espresso mit dem Likör mischen und die Löffelbiskuits mit dieser Flüssigkeit tränken. Mascarpone und Kefir vermischen. Sahne mit Zucker, Vanillezucker und Sahnesteif steif schlagen, den Zimt unterrühren und unter die Mascarpone-Masse heben. Die Creme auf die Löffelbiskuits in der Form geben und gleichmäßig ausstreichen. Die Speise mit Kakaopulver bestäuben und vor dem Servieren ein bis zwei Stunden in den Kühlschrank stellen.

Ein Geschenk für die Schönheit: Aloe Vera

„Dieses Herz gleicht mehr jener schweren, abenteuerlichen Blume aus den Wäldern Brasiliens, die der Sage nach alle hundert Jahre nur einmal blüht. Ich erinnere mich, daß ich als Knabe eine solche Blume gesehen. Wir hörten in der Nacht einen Schuß wie von einer Pistole, und am folgenden Morgen erzählten mir die Nachbarskinder, daß es ihre ‚Aloe' gewesen, die mit solchem Knalle plötzlich aufgeblüht sei. Sie führten mich in ihren Garten, und da sah ich zu meiner Verwunderung, daß das niedrige harte Gewächs mit den närrisch breiten, scharfgezackten Blättern, woran man sich leicht verletzen konnte, jetzt ganz in die Höhe geschossen war und oben, wie eine goldene Krone, die herrlichste Blüte trug. Wir Kinder konnten nicht mal so hoch hinaufsehen, und der alte schmunzelnde Christian, der uns lieb hatte, baute eine hölzerne Treppe um die Blume herum, und da kletterten wir hinauf wie die Katzen und schauten neugierig in den offenen Blumenkelch, woraus die gelben Strahlenfäden und wildfremden Düfte mit unerhörter Pracht hervordrangen."
(Heinrich Heine 1797 – 1856)

Die Pflanze Aloe steht schon sehr lange für die geheimnisvolle Schönheit schlechthin. Nicht nur Heinrich Heine erinnert sich beim Stichwort „Aloe" an die fremdartige Faszination der „schweren abenteuerlichen Blume". Dabei wird die Aloe allerdings häufig mit einer Agave oder einer Kaktee verwechselt. Wahrscheinlich erinnert sich auch Heinrich Heine in Wahrheit an eine amerikanische Agave (*Agave americana*), von der Geschichten berichten, daß sie nur alle 100 Jahre einmal blühen soll. Sie wird deshalb auch die „100jährige Aloe" genannt. Beide Pflanzen ähneln sich tatsächlich. Auch die Agave ist eine Wüstenpflanze mit bedornten, dickfleischigen Blättern. Sie bildet eine eigene Gattung mit etwa 300 Arten. Agaven erreichen oft ein hohes Alter, bevor sie zum ersten Mal blühen und sterben alsbald nach der Fruchtreife. Ganz anders die Echte Aloe, sie blüht häufig und gehört zu der Familie der Liliengewächse, der so ganz verschiedene Pflanzen wie Taglilien und Funkien angehören – und der Knoblauch (siehe Seite 55)!

Von der Aloe gibt es über 200 Arten. Diese wachsen in vielen Wüstenregionen der Welt und rund um das Mittelmeer; die Aloe ist eine echte mediterrane Schönheit. Auf Malta und in Spanien findet man die Aloe-Pflanze nicht nur in der „freien Natur", sie wird auch landwirtschaftlich angebaut. Die größten Plantagen liegen jedoch in Texas, in Florida und in Mexiko. Nach dem europäischen Arzneibuch sind nur zwei Aloe-Vera-Arten für den Handel zugelassen. Das ist einmal die sogenannte „Aloe Vera", eben die „Echte Aloe", mit wissenschaftlichem Namen *Aloe barbadensis Miller*, und die Kap-Aloe, botanisch *Aloe capensis*.

In den großen Plantagen wird besonders die Aloe Vera gezüchtet, da sie die für den Menschen interessanten Substanzen in besonders hohen Konzentrationen enthält. Aloe Vera ist nicht nur ein universell einsetzbarer Grundstoff für die kosmetische Industrie, auch der Pflanzensaft boomt in den Vereinigten Staaten als Fitneßgetränk.

Die Aloe Vera ist von der Natur gegen extreme Umwelteinflüsse gut geschützt. Ihre dicken fleischigen Blätter bewahren die Pflanze vor gefräßigen Schädlingen. Sie ist mit scharfen Stacheln bewehrt, und in ihrer Blatthülle steckt das bittere Aloin, das Insekten nicht mögen. Unter der dicken Haut lagert gut versteckt der eigentliche Schatz dieser Pflanze: ein glasklares Gel. Dieses Gel fungiert als Wasserspeicher und sorgt dafür, daß die Aloe immer Feuchtigkeit zur Verfügung hat. Sollten die dicken Blätter trotz aller Wehrhaftigkeit einmal verletzt werden, sichert die durchsichtige Masse im Blattinneren einen schnellen Wundverschluß. Diesen Effekt kann man durch einen einfachen Versuch beobachten: Schneidet man mit einem Messer ein Stück von einem Aloe-Blatt ab, so kann man zuschauen, wie es sich von selbst wieder schließt. Wunderbarerweise läßt sich diese Wirkung auch auf die menschliche Haut übertragen. Das Gel wirkt auf ihr als Feuchtigkeitsspender und repariert kleine Verletzungen. Besonders wirksam ist das kühlende Gel bei Verbrennungen.

Die großen Plantagen liefern heute mit modernen Fertigungsmethoden den Rohstoff der Aloe Vera in großer Reinheit. Dazu werden reife Aloe-Vera-Blätter vom unteren Teil der Pflanze abgetrennt. Eine Maschine schält die Blätter, um den bitteren aloinhaltigen Teil zu entfernen. Der sogenannte Separator löst dann die Faserteile von dem innen liegenden Aloe-Vera-Gel. In der Weiterverarbeitung entstehen Produkte wie das Aloe-Vera-Gel pur, das Aloe-Vera-Gel 10fach konzentriert, d. h. dem Gel wurde zehnmal der Wasseranteil entzogen, und ein sprühgetrocknetes Gel in Pulverform. Die Indianer Nordamerikas kannten die Wirkungen der Aloe Vera genau und gaben ihr den treffenden Namen „Feuerpflanze". Die Seminole-Indianer nannten sie sogar die „Quelle der Jugend". Auch im Ägypten des Altertums wurde die kosmetische Wirkung der Aloe geschätzt. So sagt man Nofretete und Cleopatra nach, daß sie die Aloe für ihre Schönheit nutzten. Die Ägypter nannten die Aloe sogar die „Pflanze der Unsterblichkeit" und verwendeten sie zum Einbalsamieren ihrer Pharaonen. Selbst das Leichentuch Jesu wurde mit Aloe getränkt: *„Es kam aber auch Nikodemus – der das erstemal nachts zu ihm gekommen war – und brachte eine Mischung aus Myrrhe und Aloe, etwa hundert Pfund. Sie nahmen nun den Leib Jesu und banden ihn samt den Duftkräutern in Leinentüchern, wie es Begräbnisbrauch ist bei den Juden."* (Johannes 19, 39-40)

Eine zweite Karriere machte die Aloe auf den Schlachtfeldern. Von den Kriegern Alexanders des Großen

Abb. 49:   Aloe Vera wird heute auf großen Plantagen gezüchtet.

wurde die Aloe erfolgreich bei äußeren Verletzungen eingesetzt, genauso wie Ende des zweiten Weltkrieges bei äußerlichen Verbrennungen durch radioaktive Strahlung, z. B. in Hiroshima. In der Nachkriegszeit erlebte die Aloe Vera in deutschen Wohnzimmern ihre dritte Karriere als friedliche Zimmerpflanze. Sie wurde in ihrer Beliebtheit höchstens noch von dem legendären Gummibaum übertroffen, der in keinem Fünfziger-Jahre-Wohnzimmer fehlen durfte. Wie es aussieht, werden noch weitere Karrieren folgen.

Bei Verbrennungen, Schürfwunden und anderen kleinen Verletzungen reicht es, ein fettes Aloe-Blatt abzuschneiden und die Schnittstelle auf die betroffene Hautstelle zu legen. Das kühlt sofort, die Wunde heilt schnell ab und die Zellneubildung wird angeregt. Doch die Aloe kann noch mehr. Als sich die alten Geschichten über diese Heilpflanze durch moderne naturwissenschaftliche Untersuchungen bestätigten, kamen immer mehr Aloe-Vera-Produkte auf den Markt: als Gel, als Konzentrat und als sprühgetrocknetes Pulver. Das Angebot wurde bald unübersichtlich groß und der Preiskampf hart, denn Aloe-Vera-Produkte sind aufwendig in der Herstellung.

Einige betrügerische Hersteller versuchten, Aloe-Vera-Pulver mit billigen Stoffen zu strecken oder es ganz zu ersetzen. Sie hatten ein leichtes Spiel, denn Fälschungen waren früher schwer nachweisbar. So kamen immer mehr Produkte auf den Markt, die nur noch wenig Aloe Vera, dafür aber z. B. viel Maltodextrin enthielten. Manchmal stand Aloe Vera nur noch auf dem Etikett; drin war nichts mehr. Die enttäuschten Verbraucher wandten sich ab, und der gute Ruf der Wüstenpflanze erlitt durch die Manipulationen großen Schaden.

Heute gibt es gute Gründe für eine Renaissance der Aloe Vera. Ende 1992 entwickelten Wissenschaftler von der Universität in Galvaston, Texas, eine Methode, Aloe-Vera-Produkte auf ihre Reinheit und Qualität zu untersuchen. Das Ergebnis der Versuchsreihen machte das ganze Ausmaß der Betrügereien deutlich: Die im Handel vorgefundenen Aloe-Vera-Pulver enthielten bis zu 90 % Maltodextrin.

Die Untersuchungsmethode, eine Spektralanalyse, ist so genau, daß die Abbauprodukte der Pflanzenmasse sogar über die Länge des Zeitraumes zwischen der Ernte der Blätter und ihrer Verarbeitung Auskunft geben. Sie ist damit ein untrügliches Qualitätskriterium. Den ehrlichen Produzenten von Aloe-Vera-Produkten kam dieser Fortschritt natürlich zugute, und sie gründeten 1981 in den USA unter dem Namen „International Aloe Science Council", kurz IASC, eine Vereinigung, in der sich alle Mitglieder zur ständigen Kontrolle und Zertifizierung ihrer Produkte verpflichten. Seitdem kann man auch in Deutschland Aloe Vera in geprüfter Qualität kaufen. Das ist bei Naturstoffen besonders wichtig, denn die Wirksamkeit hängt von der Aktivität und Reinheit des Rohstoffes ab. Achten Sie beim Kauf von Aloe-Vera-Produkten deshalb auf das Zertifizierungssiegel der IASC.

> **Von den Inhaltsstoffen der Aloe Vera sind bisher identifiziert:**
> - *Vitamine:* Vitamin A, Vitamin C, Vitamin B_1, Vitamin B_2, Vitamin B_6, Vitamin B_{12}, Pantothensäure, Folsäure, Biotin
> - *Enzyme:* Cellulase, Katalase, Oxydase
> - *Aminosäuren:* Lysin, Histidin, Aspartin, Glutamin, Asparaginsäure
> - *Mineralstoffe:* Aluminium, Chrom, Eisen, Germanium, Calcium, Kupfer, Magnesium, Mangan, Phosphor, Zink
> - *Organische Säuren:* Glutaminsäure, Apfelsäure, Zitronensäure und Salicylsäure, der Wirkstoff des Aspirins
> - *Saccharide:* Monosaccharide, Polysaccharide und Muccopolysaccharide
> - *Bioaktive Substanzen:* Saponine, Lignine und ätherisches Öl
> - 4 essentielle Fettsäuren

Abb. 50: Das Gel der Aloe Vera lindert äußere Verbrennungen sehr effektiv.

Hunderte von Inhaltsstoffen sind bereits identifiziert, wie viele mögen noch fehlen? Niemand weiß das. Solche Listen führen uns vor Augen, daß die vielfältigen Wirkungen der Aloe Vera nicht auf ein einziges Molekül oder eine bestimmte Verbindung zurückzuführen ist. Es ist das Zusammenspiel aller Inhaltsstoffe und vor allem ihre Wechselwirkungen, die zum Ergebnis führen.

Fasziniert von den neuen Möglichkeiten der Chemie hat sich die Medizin in unserem Jahrhundert immer mehr auf Medikamente verlassen, die dem Körper einen einzelnen Wirkstoff isoliert und in hoher Dosis zuführen. Mit beträchtlichem Erfolg! Man denke nur an die Antibiotika, synthetische Nachbildungen einzelner Stoffwechselprodukte von Bakterien, Pilzen oder Algen, oder ein so einfaches Mittel wie das Aspirin, das im wesentlichen aus einer Verbindung besteht: der Acetylsalicylsäure. Es ist gar keine Frage, daß konzentrierte Einzelstoffe hochwirksam sind, doch sie wirken oft nur einseitig.

Natürlich haben auch pflanzliche Wirkstoffe Haupt- und Nebenwirkungen, man muß sie nur kennen. So wirkt der Saft der Aloe Vera abführend, was ihr bis heute in den Arzneimittelbüchern den Ruf eines Laxativums, eines Abführmittels, eingebracht hat. Doch wer die Aloe als Abführmittel betrachtet und meidet, der gleicht einem Menschen, der die Sonne als lästigen Himmelskörper ansieht, der ausschließlich Sonnenbrand verursacht. Was für eine Verengung der Sichtweise auf diese wunderbare Heilpflanze!

Die Apotheke auf der Fensterbank

Wer immer noch glaubt, daß Aloe Vera nicht wirksam ist, der sollte sich dieser Pflanze auf die einfachste Weise nähern, die möglich ist: zu Hause auf der Fensterbank. Wir versprechen zweierlei: Sie bekommen eine attraktive Zimmerpflanze, für die man keinen „grünen Daumen" benötigt und erleben ein interessantes Experiment.
Aloe-Vera-Fans schwören auf die Heilungskräfte der frischen Pflanze, die jedem noch so sorgfältig hergestellten Extrakt überlegen ist. Besorgen Sie sich zunächst einmal eine echte Aloe-Vera-Pflanze. Im Blumenhandel findet sich meist nur die extrem pflegeleichte *Aloe Miloti*. Sie ähnelt der wahren Aloe sehr, verfügt aber nur über einen Bruchteil der wirksamen Inhaltsstoffe. Wenn Sie also niemanden kennen, der über eine echte Aloe verfügt und damit auch über reichlich Ableger, dann sollten Sie sich an den Spezialhandel wenden (Adresse siehe *Seite 95*). Hier können Sie sicher sein, eine echte Aloe Vera zu bekommen.

Das Liliengewächs ist eine dankbare Mitbewohnerin, die nur Erde, Wasser und Licht benötigt. Selbst, wenn sie mal eine Zeitlang vergessen wird, nimmt sie das nicht übel. Die Aloe Vera ist als Wüstenbewohnerin Kummer gewöhnt. Setzen Sie die junge Pflanze in wasserdurchlässige Erde, bestehend aus zwei Dritteln Sand und einem Drittel Blumenerde, am besten in einen einfachen Tontopf mit Loch. Danach einmal kräftig mit Wasser angießen, später nur sparsam gießen. Die Aloe Vera verträgt auch, daß ihre Erde völlig austrocknet. Im Sommer reicht es, sie alle zwei Wochen zu gießen.

Im Winter legt die Aloe ihre Ruhephase ein. Da kann der Gießabstand auch schon mal vier Wochen betragen.
Die Aloe Vera ist ein Kind des Lichts. Sie liebt es hell, z. B. auf der Fensterbank. Als Topfpflanze ist sie jedoch empfindlich gegenüber direkter Sonnenbestrahlung. Das macht die Blätter unansehnlich braun und grau. Ein Fenster in Richtung Osten ist deshalb genau das Richtige für sie. Im Sommer können Sie die Pflanze auch auf den Balkon oder in den Garten stellen. Nur bei Dauerregen und Staunässe gehört sie wieder ins trockene Haus. Die Aloe Vera bildet viele Ableger, die sich einfach von der Stammpflanze trennen lassen. Im Frühjahr ist der beste Zeitpunkt für einen Topfwechsel. Dabei kann man gleichzeitig die Ableger setzen und die Pflanzen düngen. Die Aloe wird selten von Schädlingen befallen und ist daher auch unter diesem Aspekt pflegeleicht. Und damit zum interessanten Teil des Experiments: die Ernte.

Abb. 51: Die Aloe-Arten sind sich sehr ähnlich. Wenden Sie sich an den Spezialhandel, wenn Sie sicher sein wollen, eine Aloe Vera zu bekommen.

Abb. 52 a-c: Die Ernte der Aloe Vera.

Je älter Ihre Pflanze wird, um so konzentrierter sind die Wirkstoffe. Ernten Sie deshalb immer die unteren Blätter. Ritzen Sie dazu das dickste Blatt am Stiel an und ziehen es zur Seite weg. Es löst sich dann fast von selbst, da es mit einem Häutchen vom Schaft getrennt ist. Schneiden Sie mit einem scharfen Messer die dicke Haut des Blattes auf beiden Seiten an, so daß Sie das reine Gel wie ein Fischfilet freilegen. Jetzt können Sie das saubere Fruchtfleisch, das reine Gel, auf Ihre verletzte oder verbrannte Hautstelle legen oder auch verstreichen.

Sie können auch nur einen Teil des Blattes ernten. Schneiden Sie es dazu in der gewünschten Größe einfach ab. Sie werden staunen, wie schnell sich die Schnittstelle wieder von selbst verschließt. Eine eindrucksvolle Demonstration der Selbstheilungskräfte der Pflanze, die auch wir uns zunutze machen können.

Die gute Qualität der modernen Aloe-Vera-Produkte auf dem Markt hat den Ruf dieser Heilpflanze rehabilitiert. Heute liegt die Gefahr eher in der maßlosen Übertreibung dessen, was die Aloe-Vera-Pflanze alles heilen kann. Die vielfältigen positiven Effekte der Pflanze, die in ihrer komplexen Natur liegen, werden mißgedeutet als Mittel gegen „alles und jedes", so daß man sich fragen muß, wogegen die Aloe eigentlich nicht hilft?

In einem Buch werden gleich über 80(!) Krankheitsbilder aufgezählt, die angeblich mit Aloe Vera geheilt werden können. Alphabetisch werden da so unterschiedliche Krankheitsbilder wie Abszesse, Akne, Anämie, Angina, Alterserscheinungen, Arteriosklerose, Asthma und viele weitere genannt – und das allein beim Buchstaben „A". Auch so heikle chronische Leiden wie Krebs und Aids fehlen nicht in den Listen. So verkommt die Chance zu einem neuen Verständnis der heilenden Potentiale der Pflanze zur Scharlatanerie und dem Propagieren von immer neuen Wundermitteln. Das ist die Kehrseite der tatsächlich vorhandenen Synergieeffekte zwischen dem menschlichen Körper und der Heilpflanze, die so komplexe Wirkungen haben kann, daß es über eine allgemeine Vitalisierung zu überraschenden Heilungserfolgen kommen kann – gerade bei einer positiven Einstellung dem Naturheilstoff gegenüber!

Rezepte mit Aloe Vera

In den USA trinken die Verbraucher seit über zehn Jahren Aloe Vera als Soft-Drinks. Die beliebte Flüssigkeit findet sich ganz selbstverständlich überall in den Regalen der Supermärkte und „Health Stores". In Deutschland ist Aloe Vera als Lebensmittel nicht zugelassen, denn in der offiziellen Monographie wird es noch immer als Abführmittel gehandelt. Doch mit dem neuen europäischen Recht wird sich diese Situation ändern.

Die Aloe-Drinks in den Staaten sind meist künstlich haltbar gemacht. Dem Hobbythek-Team ist es dagegen gelungen, einen Frusip's Aloe Vera zu entwickeln, der ohne Konservierungsstoffe auskommt. Er besteht aus einem Anteil von 5 % Aloe Vera, außerdem Orangen-, Zitronen- und Karottensaftkonzentrat, natürlichen Aromen, Vitamin C, Pektin, Vitamin E und Provitamin A in der bewährten Frusip's-Qualität. Damit kombiniert der Frusip's die wirksamen Aloe-Vera-Inhaltsstoffe mit den Radikalfängern, den Vitaminen A, C und E, aus der Orange und Karotte. Die Flasche hält sich ungeöffnet sechs Monate. Ist sie einmal angebrochen, sollte sie im Kühlschrank gelagert werden und innerhalb einer Woche verbraucht sein.

Frusip's – Erfolgsschlager der Hobbythek

Das Angebot an Fruchtlimonaden ist groß. Leider sind diese oft mit Zucker und anderen Zusatzstoffen überfrachtet. Bereits in einem Liter Limonade oder Coca Cola können bis zu 150 Gramm Zucker versteckt sein. Auch die Fruchtsäfte sind meist reich an Zucker oder mit Wasser verdünnt. Dieses Problem hat uns nicht ruhen lassen, und so sind schon vor vielen Jahren unsere Frusip's entstanden. Diese Fruchtsirupkonzentrate der Hobbythek bestehen aus hochkonzentriertem Fruchtsaft, der in einem Vakuum bei nur 60 °C eingedampft wird. Frusip's enthalten keinen zugesetzten Zucker, dafür aber die wertvolle Äpfelsäure und natürliche Aromen. Mittlerweile gibt es über 40 verschiedene Sorten, und wir haben unserem Erfolgsschlager sogar ein ganzes Buch gewidmet. Im Hobbythekbuch „Fruchtig frisch mit Frusip's" finden sich jede Menge Frusip's-Rezepte.

Abb. 53: Frusip's Aloe Vera, natürlich ohne Konservierungsstoffe.

Grundrezept für Frusip's-Getränke
(für 1 Glas)

200 ml	Sprudelwasser
2 EL	Frusip's 1:20 oder
	1 EL Frusip's 1:40
2 Tabl.	Lightsüß oder 2 TL Ballast-
	süße oder 2 TL Zucker
evtl.	Eiswürfel und Zitronenscheibe

Frusip's und Süße in das Sprudelwasser rühren, fertig. Bei Bedarf können Sie die Brause mit Eiswürfeln kühlen und mit einer Zitronenscheibe dekorieren. Wenn Sie Lightsüß zur Süßung verwendet haben, dann enthält das fertige Getränk außer dem fruchteigenen Fruchtzucker keinen Zucker. Es darf deshalb mit Fug und Recht als kaloriensparend und zahnschonend bezeichnet werden.

Aloe-Vera-Sprudel
(für 1 Glas)

1-2 TL	Frusip's Aloe Vera
200 ml	Sprudelwasser
1	Orangenscheibe

Frusip's in einem hohen Glas mit Sprudelwasser aufgießen und mit einer Orangenscheibe garnieren. Sofort trinken. Nach Geschmack süßen (siehe *oben*).

Aloe-Vera-Milch-Mix
(für 1 Glas)

1-2 TL	Frusip's Aloe Vera
200 ml	Milch

Frusip's in einem hohen Glas mit gut gekühlter Milch aufgießen, umrühren und sofort servieren.
Das im Frusip's enthaltene Vitamin A wird durch die Zugabe von Milch vom Körper besser aufgenommen.

Abb. 54: Sprudel läßt sich sehr schmackhaft und gesund mit Frusip's Aloe Vera verfeinern.

Frusip's Aloe Vera als Verfeinerung
Durch die Zugabe von Frusip's Aloe Vera können Sie Süßspeisen, Naturjoghurt, Kefir, Quark und Vanilleeis zu einer fruchtigen Delikatesse verfeinern.

Kosmetische Rezepte

Aloe Vera ist eine Bereicherung für jede Creme und kann als Teil der Wasserphase oder ins fertige Endprodukt eingerührt werden. Da einige wichtige Inhaltsstoffe der Aloe Vera hitzeempfindlich sind, sollten die Produkte nur kurzzeitig und nicht über 60 °C erhitzt werden. Das Aloe-Vera-Gel verliert sonst an Wirksamkeit. In der Kosmetik ist das Aloe-Vera-Gel ein Alleskönner, ein unkompliziertes Universalmittel, das in nahezu jedes Rezept eingearbeitet werden kann. Es führt der Haut Feuchtigkeit zu und macht sie wunderbar weich. Am einfachsten ist es, das Aloe-Vera-Gel 10fach pur auf die Haut aufzutragen, z. B. vor der gewohnten Creme oder Lotion. Es wirkt dann als natürlicher Feuchtigkeitsspender.
Die wirksamen Inhaltsstoffe der Aloe Vera haben gleichzeitig eine ausgesprochen heilende Wirkung, so daß Schädigungen an Haut und Haaren gelindert werden. Das macht das Aloe-Vera-Gel gerade in der heutigen Zeit besonders interessant, denn durch vielerlei Einflüsse des modernen Lebens sind Haut und Haare, unsere Kontaktflächen zur Außenwelt, extrem strapaziert.

Aloe-Vera-Gel wird in verschiedenen Produkten und Konzentrationen auf dem Markt angeboten:

1. Aloe-Vera-Gel pur
2. Aloe-Vera-Gel 10fach
3. Aloe-Vera-Trockenpulver

Wirkungen der Aloe Vera auf Haut und Haare:
- feuchtigkeitsspendend
- Förderung von Zellerneuerung und Gewebewachstum
- hautglättend
- Linderung bei Verbrennungen
- Schutz gegen Bakterien und Viren
- Abheilung von UV-Schäden
- Wundheilung
- Hilfe bei Akne

Tagescreme für empfindliche Haut

Fettphase:
- 22 g Tegomuls
- 3 g Ceralan oder Bienenwachs
- 65 g Erdnußöl

Fertige Creme:
a) 10 g Fettphase
½ Meßl. Vitamin-E-Acetat
b) 30 g dest. Wasser
c) ¼ Meßl. D-Panthenol
36 Tr. Meristemextrakt
10 Tr. α-Bisabolol
4 g Aloe-Vera-Gel pur
4 Tr. Paraben K

Die Zutaten der Fettphase bei niedriger Temperatur langsam in einem feuerfesten Becherglas schmelzen. Zehn Gramm davon in einem Schraubglas mit dem Vitamin-E-Acetat mischen und heißes Wasser (ca. 80 bis 90 °C) dazugießen. Danach kräftig schütteln, damit sich die Emulsion bildet. Zum Abkühlen stehenlassen, eventuell zwischendurch noch einmal schütteln. Bei Handwärme (ca. 30 °C) die Wirkstoffe unter c) nacheinander unterrühren. Durch den Meristemextrakt ist die Creme leicht braun gefärbt.

Feuchtigkeitscreme „Nofretete" mit Aloe Vera bei unreiner Haut

Fettphase:
- 25 g Tegomuls
- 5 g Sheabutter
- 70 g Mandel- oder Macadamianußöl

Fertige Creme:
a) 12 g Fettphase
½ Meßl. Vitamin-E-Acetat
b) 35 g dest. Wasser
c) ⅓ Meßl. D-Panthenol
5 g Aloe-Vera-Gel pur
5 Tr. Paraben K

Die Zubereitung erfolgt wie *oben* bei der Tagescreme beschrieben. Allerdings müssen Sie die Wirkstoffe in 12 Gramm Fettphase rühren. Es entsteht eine softige weiße Creme, die nicht fettend wirkt.

Die Kosmetik-Wirkstoffe der Hobbythek:

Allantoin: Allantoin verleiht der Haut ein gesundes und zartes Aussehen und wird von der Industrie u. a. in Aknecremes als Medikament eingesetzt. In der Natur kommt dieser Wirkstoff in der Beinwellwurzel vor. Testen Sie vor der Anwendung die Hautverträglichkeit: Dazu eine Spur Allantoin mit einem Tropfen Wasser mischen und auf eine Hautstelle auftragen. Rötet sie sich nach einiger Zeit, ist Vorsicht angebracht.

α-Bisabolol: α-Bisabolol ist der Hauptwirkstoff der Kamille, wirkt entzündungshemmend und kann auch bei bestehenden Hautirritationen eingesetzt werden.

Ceralan: Ceralan wird aus Bienenwachs gewonnen, das chemisch leicht verändert wird. Dadurch erhöht sich die leichte Emulgatorwirkung von Bienenwachs noch. Der Schmelzbereich liegt bei 65 °C.

D-Panthenol: D-Panthenol ist kein echtes Vitamin, sondern ein Provitamin, das in unserem Körper zu Pantothensäure, einem Vitamin der B-Gruppe, umgewandelt wird. D-Panthenol entfaltet eine heilende Wirkung.

Fluidlecithin Cm und Super: Beides sind Lecithine – natürliche Fette also –, die aus Sojaöl gewonnen werden und rückfettend wirken. Fluidlecithin Super ist etwas teurer, da es das wertvolle Cholinphosphat in einer höheren Konzentration enthält.

Meristemextrakt: Meristemextrakt wirkt entzündungshemmend, heilend und kann sogar aggressive Sauerstoffradikale einfangen. Unser Meristemextrakt stammt aus den Schößlingen von Eichen.

Nuratin P: Wie das Elastinpulver ist auch Nuratin P ein Weizenhydrolysat. Es lagert sich zwischen den äußeren Keratinschüppchen des Haares ein und erfüllt so einen wichtigen „Repair-Effekt".

Paraben K: Paraben K ist das Konservierungsmittel der Hobbythek. Es ist im wesentlichen eine Mischung aus Methyl- und Propylparaben und wirkt gegen Bakterien und Pilze. Ein Zusatz von zehn Tropfen Paraben K auf 100 Milliliter reicht für eine Haltbarkeit von drei Monaten aus, bei 20 Tropfen auf 100 Milliliter sind es fünf bis sechs Monate, eine weitere Erhöhung der Konzentration verlängert die Haltbarkeit nicht mehr.

ProVit F: ProVit F ist eine klare, leicht zähflüssige Lösung, die sehr gut haut- und schleimhautverträglich ist. Bei Vitamin F handelt es sich um Fettsäuren, die die Haut zart und geschmeidig werden lassen und sie mit Feuchtigkeit versorgen.

Sheabutter: Sheabutter stammt aus Afrika und wird dort aus der Nuß des Sheanußbaumes gewonnen. Sie ist ein idealer Zusatz für Cremes und andere Hautpflegeprodukte, da sie zugleich heilend und desinfizierend wirkt.

Tegomuls: Tegomuls ist ein Emulgator. Es handelt sich vorwiegend um ein Monoglycerid, das vor allem für eine Tagescreme geeignet ist, da es einen matten Glanz auf der Haut erzeugt.

Vitamin-E-Acetat: Hierbei handelt es sich um eine Vitamin-E-Verbindung mit einem Salz der Essigsäure, das wir gerne in unseren Kosmetikprodukten einsetzen. Vitamin E hat eine durchblutungsfördernde Eigenschaft und wirkt positiv auf die Zellerneuerung.

Vithaar: Vithaar ist eine Mischung aus Biotin und natürlichen Aminosäuren in Alkohol gelöst. Äußerlich angewendet verbessert es die Haarstruktur. Das Haar erhält mehr Glanz und Volumen und läßt sich besser durchkämmen.

Feuchtigkeitsmaske „Wüstenschönheit"

1 EL	Aloe-Vera-Gel pur
1 EL	Honig
2 EL	Quark

Aloe-Vera-Gel, Honig und Quark in einer Schüssel vorsichtig verrühren. Die Masse sofort auf Gesicht und Hals auftragen, nicht lagern. Nach zehn Minuten wieder abwaschen.

Aftersun-Lotion „Cleopatra"

„Cleopatra" ist eine wäßrige Wirkstofflösung, die durch das Aloe Vera eine besonders hautberuhigende und heilende Wirkung hat.

40 ml	dest. Wasser
10 g	Aloe-Vera-Gel 10fach
1 Meßl.	(3 g) D-Panthenol 75
18 Tr.	(1 g) Meristemextrakt
1 kl. Msp.	(0,1 g) Allantoin
5 Tr.	Paraben K

Die Wirkstoffe kalt mischen und in eine Spenderflasche oder in einen Sprühflakon abfüllen. Wenn Sie die Lotion im Kühlschrank aufbewahren, können Sie auf die Konservierung mit Paraben K auch ganz verzichten. Sie hält sich dann etwa vier Wochen. Die Lotion wirkt auch gegen unreine Haut.

Aftersun-Haarkur mit Aloe Vera

180 g	Kurbasis HT
6 ml	(2 geh. Meßl.) Pro Vit F
10 ml	(2 Meßl.) Nuratin
2 ml	(1 knapper Meßl.) Vithaar
10 ml	(4 Meßl.) Aloe-Vera-Gel 10fach

Die Wirkstoffe mit einem Glasstab in die Kurbasis rühren, fertig.
Je nach Haarlänge einen walnuß- bis mandarinengroßen Klecks Haarkur gleichmäßig im frottierten Haar verteilen und nach drei bis fünf Minuten gründlich ausspülen. Die Haarkur etwa einmal in der Woche anwenden. Die Kurbasis können Sie in den im *Bezugsquellenverzeichnis* aufgeführten Läden fertig kaufen.

Aloe-Vera-Haarpackung
(Für stark strapaziertes und angegriffenes Haar)

5 ml	Aloe-Vera-Gel pur
5 ml	Mandelöl
1 Tr.	Teebaumöl
2 Tr.	Fluidlecithin Super

Die Zutaten in eine kleine Schüssel geben und verrühren. Die Packung auf das frisch gewaschene handtuchtrockene Haar geben und einmassieren. Die Packung ist zum sofortigen Gebrauch bestimmt.

Register

Aioli 57
Alkohol 23
Allantoin 89
   Rezepte 90
Aloe Vera 82-90
   Anbau 82, *83*
   Botanik 82
   Ernte 86, *86*
   Inhaltsstoffe 84
   Pflege 85
   Produkte 83, 88
   Wirkung 88
Aloe-Vera-Gel 83, *84*
α-Bisabolol 89
   Rezepte 88
Antiranz HT 48
Arkadien 13, 14
Auflauf 51

Basics 6, 36 f., 49 f., 60 f., 69 f., 78
Beta-Carotin 66 f.
Bewegung 11 f., 14, 20
Blutdruck 17, *18*, 18 f.
Bluthochdruck 18 f.
Body Mass Index (BMI) 23
Brot 71, 74, 80

Calment, Jeanne Louise 56, *56*
Carotinoide 68
Ceralan 89
   Rezepte 88
Cholesterin 35, 47 f., 57

Diabetes 58
Diastolischer Druck 19
Dopamin 14
D-Panthenol 89
   Rezepte 88, 90

Eis 81
Ernährung 11, 24 f.
Ernährungspyramide 9

Fette 43 f.
Fettsäuren 44, *45*
5-a-day for better health 26
Finger Food 26, 41, 51, 63, 74
Fischgerichte 37 f., 51, 73
Flavonoide 33, 36, 67
Fleischgerichte 40
Flow-Erlebnis 15 f.
Fluidlecithin Super 89
   Rezepte 90
freie Radikale 33, 58
Fruchtsüße HT 81
   Rezept 81
Frusip's 88
   Rezepte 79, 81, 87
Frusip's Aloe Vera 87, *88*

Geflügelgerichte 39, 63
Gelee 80
Gemüsegerichte 37, 41, 50 ff., 63
GeoWash HT 61
Getränke 60, 71, 79, 87
Glück 13 ff.
Gratin 62

Haarpflege 90
Helicobacter pylori 59, *59*
Herzinfarkt 17, 33, 35
Herz-Kreislauf-Erkrankungen 57
Hildegard von Bingen 24, *24*
Hypertonie 18

Kartoffelgerichte 49
KeFiDa 77
   Grundrezept 79
   Rezepte 78 ff.
Kefir 75-81
   Alkoholgehalt 76
   Inhaltsstoffe 78
   Verträglichkeit 78
   Wirkung 75 f.
Kefir-Pilz 76, *76*
Ketchup 70
Knoblauch 52-64
   als Antibiotikum 56
   Anzucht 59 f.
   Botanik 55

   Geruch 52
   Inhaltsstoffe 55
   Sorten 60
   Wirksamkeit 52
   Zubereitung 54, 57
Konfilight HT 70
   Rezepte 70
Konjac-Konzentrat 39
   Rezepte 38 f.
Kosmetik 88 ff.
Kräuterweine 28 ff.
Krebs 20 ff., 35, 58, 67 f.
   genetische Disposition 22
Krebsursache 21
Krebsvorbeugung 20 ff.
Kuchen 40
Kurbasis HT 90

Lebenskunst 8, 15
Lycopin 68

Melatonin 13 ff.
Meristemextrakt 89
   Rezepte 88, 90
Metschnikow, Ilja 77, *77*
Mittelmeerdiät 7 ff.
Müsli 80
Mykosen 59

Nachspeisen 40, 81
Neurotransmitter 14
Nudelgerichte 70, 72

Olivenöl 24, 43-51
   Deklaration 44, 47
   Erhitzen 48
   Ernte *46*
   Lagerung 48
   Preis 46
   Verzehr 43
   Wirkung 43

Paraben K 89
   Rezepte 88, 90
Payer, Lynn 17, *18*
Pflanzenstoffe, sekundäre 33, 68
Polyphenole 33 ff.
Porphyrie 55 f.
ProVit F 89
   Rezepte 90

Quercetin 22, 67, *67*
Quiche 73

Radikale, freie 33, 58
Rauchen 20
Reisgerichte 62, 71 f.
Resveratrol 33, 36

Salat 71
Sauce 37, 61, 69, 81
sekundäre Pflanzenstoffe 33, 68
Serotonin 13, *14*, 15
Sheabutter 89
   Rezepte 88
Sieben-Länder-Studie 7
Suppen 36 f., 62, 69
Systolischer Druck 19

Tegomuls 89
   Rezepte 88
Tomate 65-74
   Herkunft 65
   Inhaltsstoffe 66 f.
   Lagerung 58
   Sorten 65 f., *66*
Triglyceride 44, *45*
Tzatziki 61, 80

Übergewicht *10*, 22 f.

Verdauung 36
Vinaigrette 49
Vitamin-E-Acetat 89
   Rezepte 88
Vithaar 89
   Rezepte 90

Wein 27-41
   als Medizin 28
   Dosis 34
   Effekt 32
   Inhaltsstoffe 32
   Konsum 32
   Wirkung 35

ÜBER DIE AUTOREN

Jean Pütz ist gelernter Nachrichten-Ingenieur und studierter Volkswirt. Er war Lehrer für Mathematik und Physik, bevor er den Journalismus für sich entdeckte. Als Redakteur, Autor und Produzent ging er 1970 zum WDR. Dort entwickelte er die Sendereihe, die ihn berühmt machen sollte und mit 250 Folgen zum TV-Klassiker wurde: die Hobbythek.
Heute ist Jean Pütz eine der wichtigsten Instanzen im deutschsprachigen Raum in allen Fragen zu Gesundheit und Ernährung.

Monika Kirschner, Jahrgang 1948, studierte Biologie und Chemie und ist seit 1972 freie Wissenschaftsjournalistin. Seit 1988 arbeitet sie als freie Filmemacherin, Regisseurin, Autorin und Moderatorin für ARD, ZDF und ARTE. Ihr Buch „Leben mit Krebs" wurde 1998 von der AOK mit dem Preis für die beste Medizindokumentation ausgezeichnet. Für die Hobbythek hat sie bereits drei Bücher gemeinsam mit Jean Pütz geschrieben.

BEZUGSQUELLEN

BIOSHOP, 53840 Troisdorf, Kölner Str. 36a, Tel. 02241-978091, Fax 02203-593065.
*Fa. C & M DIE ÖKOTHEK, 73430 Aalen, Spitalstr. 14, Tel./Fax 07361-680176;
*COLIMEX-ZENTRALE, 50996 Köln, Ringstr. 46, Tel. 0221-352072, Fax 0221-352071; Auslieferungsläden: 32312 Lübbecke, Lange Str. 1, Stern-Apotheke, Tel. 05741-7707, Fax 05741-310887; 33102 Paderborn, Bahnhofstr. 18, St.-Christophorus-Drogerie, Tel. 05251-105213, Fax 05251-105252; 38300 Wolfenbüttel, Lange Herzogstr. 13, Tel. 05331-298370, Fax 05331-298570; 42105 Wuppertal, Karlsplatz 3, In der Rathausgalerie, Tel./Fax 0202-443988; 42853 Remscheid, Alleestr. 74, Allee-Center, Tel./Fax 02191-927963; 50171 Kerpen, Philipp-Schneider-Str. 2-6, Kaufhalle-Center, Tel./Fax 02237-922352; 50226 Frechen, Hauptstr. 99-103, Marktpassage, Tel./Fax 02234-274770; 50354 Hürth, Theresienhöhe, EKZ-Hürth/Arkaden, Tel./Fax 02233-708538; 50667 Köln, Schildergasse, in „Emotions", Tel./Fax 0221-2580862; 50858 Köln-Weiden, Aachener Str. 1253, Rhein Center Köln-Weiden, Tel./Fax 02234-709266; 51373 Leverkusen, Friedrich-Ebert-Platz 9; 51465 Bergisch Gladbach, Richard-Zanders-Str., Kaufhalle, Tel./Fax 02202-43103; 51643 Gummersbach, Wilhelmstr. 7, Vollkorn Naturwarenhandel, Tel. 02261-64784; 52062 Aachen, „Lust for Life", Komphausbadstr. 10, Tel./Fax 0241-4013033; 53111 Bonn, Brüdergasse 4, Tel./Fax 0228-659698; 53721 Siegburg, Am Brauhof 4, Tel./Fax 02241-591160; 53797 Lohmar, Breidtersteegsmühle, Broich & Weber, Tel. 02246-4245, Fax 02246-16418; 56068 Koblenz, Hohenfelder Str. 22, Löhr-Center-Koblenz, Tel./Fax 0261-1004890; 57462 Olpe, Bruchstr. 13, Valentin-Apotheke, Tel./Fax 02761-5190; 63739 Aschaffenburg, Steingasse 37, Colimex/Cleopatra, Tel. 06021-26464; 94032 Passau, Am Schanzl 10, Turm-Apotheke, Tel. 0851-33377, Fax 0851-32109; 95444 Bayreuth, Luitpoldplatz 3, Ars Vivendi - Lebenskunst in der Schloßgalerie, Tel. 0921-5169302, Fax 0921-5169303.
*DUFT & SCHÖNHEIT, 80331 München, Sendlinger Str. 46, Tel. 089-2608259.
HELGAS HOBBY SHOP, 63584 Gründau, Gartenstr. 19, Tel. 06058-2135.
*HOBBY-KOSMETIK, 86150 Augsburg, Bahnhofstr. 6, Tel. 0821-155346, Fax 0821-513945; 97618 Niederlauer bei Bad Neustadt/Saale, Lauertalmarkt Am Rück 1, Tel./Fax 09771-3094.
*JANSON, Dr. Klaus Schop, 76133 Karlsruhe, Kaiserpassage 16, Tel. 0721-26410, Fax 0721-27780.
*KRÄUTERGARTEN, 80469 München, Pestalozzistr. 3, Tel./Fax 089-23249802.
MARGOTS BIOECKE, 51143 Köln-Porz, Josefstr./Ladenzeile Busbahnhof, Tel. 02203-55242, Fax 02203-593065.
McQUEEN'S NATURSHOP, 22880 Wedel, EKZ Rosengarten 6b, Tel. 04103-14950.
NATUR PUR, 06108 Halle, Kuhgasse 8, Tel. 0345-2032285.
*NATURWARENLADEN Löschner, 97447 Gerolzhofen, Weiße-Turm-Str. 1, Tel. 09382-4115, Fax 09382-5692, E-Mail: naturwarenladen@t-online.de
PICCOLO, 86415 Mering, Bahnhofstr. 15, Tel. 08233-92186, Fax 08233-9799.
PIPO-NATURWARENGROSSHANDLUNG GbR, 51143 Köln-Porz, Josefstr./Ladenzeile Busbahnhof, Tel. 02203-55230, Fax 02203-593065.
*PURA NATURA, 90402 Nürnberg, Johannesgasse 55, Tel. 0911-209522, Fax 0911-2447507.

In der Schweiz:
DORF-LÄDELI, CH-8863 Buttikon, Kantonsstr. 49, Tel. 055-4441854.
*DROGERIE IM DREIANGEL, CH-3552 Bärau, Bäurastr. 45, Tel./Fax 034-4021565.
*INTERWEGA Handels GmbH, CH-8863 Buttikon, Kantonsstr. 49, Tel. 055-4441854, Fax 055-4442477.

In Österreich:
*CREATIV-COSMETIK, A-5020 Salzburg, Ganshofstr. 8, Tel. 0662-848802, Fax 0662-848803.

Die mit * gekennzeichneten Firmen betreiben auch Versandhandel.

Einige Substanzen erhalten Sie auch in Reformhäusern, Drogerien, Apotheken, Bioläden und Lebensmittelläden. Vergleichen Sie die Preise!

Nachfolgend finden Sie einige Adressen, bei denen Sie spezielle im Buch beschriebene Produkte beziehen können:

Wein
Die Adressen deutscher Ökowein-Produzenten und Winzerbetriebe erhalten Sie über:
ECOVIN, Am Zuckerberg 19, 55276 Oppenheim, Tel. 06133-1640.

Olivenöl
ARTEFAKT GbR, Am Bogen 5, 27412 Wildstedt, Tel. 04283-981317 (hochwertige griechische, spanische und italienische Olivenöle)

REINA VERTRIEBSGESELLSCHAFT, José Reina Díaz, Holzweg 57, 40789 Monheim, Tel. 02173-965624 (hochwertige spanische Olivenöle, Region Sevilla)

ÖLBAUM-VERSAND, Brakeler Str. 11, 33014 Bad Driburg, Tel. 05253-999090 (Olivenprodukte)

Informationen über Olio Revello, ein „Olio extra vergine" aus Ligurien, erhalten Sie über Peter Hoenisch, Trierer Str. 108, 53115 Bonn

Knoblauch
SYRINGA SAMEN, Bernd Dittrich, Bachstr. 7, 78247 Hilzingen, Tel. 07739-1452 (verschiedene Knoblauchsorten zum Selberziehen)

Kefir
FIRMA DR. MEIXNER GmbH, Sonntagweg 6c, 70569 Stuttgart, Tel. 0711-6876606, Fax 0711-6788380, Internet: www.interpilz.com (lebendfrische, echte kaukasische Kefirpilze)

Aloe Vera
KAKTEENLAND STEINFELD, Wengelspfad 1, 76889 Steinfeld/Pfalz, Tel. 06340-1299 (Topfpflanzen in drei verschiedenen Größen)

Hinweis:
Autoren und Verlag bemühen sich, in diesem Verzeichnis nur Firmen zu nennen, die hinsichtlich der Substanzen und Preise zuverlässig und günstig sind. Trotzdem kann eine Gewährleistung von Autoren und Verlag nicht übernommen werden. Irgendwelche Formen von gesellschaftsrechtlicher Verbindung, Beteiligung und/oder Abhängigkeit zwischen Autoren und Verlag einerseits und den hier aufgeführten Firmen andererseits existieren nicht.

SPINNRAD-PARTNER-LISTE

PLZ	ORT	GESCHÄFTSNAME
03046	Cottbus	Flamingo-Apotheke
04109	Leipzig	Naturparadies
10178	Berlin-Mitte	Natur Art
12099	Berlin	Reformhaus Gesund & Schön
13357	Berlin-Wedding	Kräuter Meyer
15517	Fürstenwalde	Vital Center
18055	Rostock	Edda's Tee-Lädchen
20045	Hamburg-Jenfeld	Berliner Bär Apotheke
20095	Hamburg-Innenstadt	Vitapharm-Apotheke
21073	Hamburg-Harburg	Arcaden Apotheke
22111	Hamburg-Billstedt	Kräuter Meyer
22159	Hamburg-Farmsen	Center-Apotheke
23562	Lübeck-St.Jürgen	Reformhaus St. Jürgen
23566	Lübeck-Buntekuh	Reformhaus im Citypark
23966	Wismar	Teekontor Wismar
24534	Neumünster	Stadt-Apotheke
24937	Flensburg	Delphin-Apotheke
25980	Rantum/Sylt	Teekula
27578	Bremerhaven-Speckenbüttel	Spinnrad Partner Buse
27749	Delmenhorst	Delme Tee Contor
28199	Bremen-Neustadt	Delme Tee Contor
28203	Bremen-Steintor	Fach-Drogerie-Blank
28215	Bremen-Findorf	Naturkosmetik
30159	Hannover	Ernst-August-Apotheke
30159	Hannover-City	S.B.S. Naturkosmetik
30161	Hannover-Nordstadt	Reformhaus Bertram
30519	Hannover	Naturprodukte Oasis
30823	Garbsen	Teehaus Schwarzer Drache
31134	Hildesheim	Andreas Apotheke
31789	Hameln	Reformhaus Bertram
32049	Herford	Hansa-Apotheke
32547	Bad Oeynhausen	Apotheke im Werrepark
32756	Detmold	Tee & Krämerladen
33098	Paderborn	Reformhaus Strauch
33602	Bielefeld-Zentrum	Teegarten

PLZ	Ort	Name
34225	Baunatal	Neue Apotheke
34454	Arolsen	Akazien-Apotheke
36381	Schlüchtern	Lotichius-Apotheke
37073	Göttingen	Göttinger Reformhaus
37073	Göttingen	Reformhaus Schenk
37079	Göttingen	Reformhaus im Kaufpark
38226	Salzgitter Lebenstedt	Reformhaus Bertram
38440	Wolfsburg	Garias, die natürliche Drogerie
38640	Goslar	Reformhaus Bertram
38820	Halberstadt	Das Teehaus
38855	Wernigerode	Reformhaus Saaber
39104	Magdeburg	Das Teehaus
40227	Düsseldorf-Oberbilk	Schwanen-Apotheke
40591	Düsseldorf-Wersten	Apotheke Dr. Herrmann
40597	Düsseldorf-Benrath	Spinnrad Partner Steioff
41061	Mönchengladbach 2 (Rheydt)	Spinnrad Partner Steioff
44649	Herne 2 (Wanne)	Reformhaus Klaas
44869	Bochum	Bio S-Bahnhof
45127	Essen-City	Spinnrad & more
45276	Essen-Steele	Abaddon
45468	Mülheim/Ruhr-Zentrum	Reformhaus Seibel
45879	Gelsenkirchen-City	Rosen-Apotheke
45881	Gelsenkirchen-Schalke	Spinnrad & more
46047	Oberhausen	Reformhaus Seibel
46236	Bottrop	Pinguin Apotheke
46397	Bocholt	Reformhaus Feldmann
47495	Rheinberg	Römer-Apotheke
48231	Warendorf	Drogeriemarkt
50259	Pulheim	Reformhaus Stommel
50739	Köln-Porz	Drogerie Georg Bach
51143	Köln	Margot's Bioecke
53757	St. Augustin	Süd-Apotheke
53840	Troisdorf	Bioshop GbR
54516	Wittlich	Minotaurus
55116	Mainz-City	Schiller-Apotheke
56068	Koblenz	Schloss-Apotheke
56170	Bendorf	Center-Apotheke
59555	Lippstadt	Röss'l-Apotheke
65185	Wiesbaden	Spinnrad Partner Meudt
66117	Saarbrücken	Bellevue-Apotheke
66386	St. Ingbert	Die Tee-Liebe
66424	Homburg/Saar	Naturfeinkost Ringelblume
66440	Blieskastel	Die Tee-Liebe
66540	Neunkirchen-Wiebelskirchen	Glück-auf-Apotheke
67065	Ludwigshafen-Gartenstadt	Kreuz-Apotheke
67067	Ludwigshafen-Maudach	Barbara-Apotheke
67071	Ludwigshafen-Oggersheim	Ritter-Apotheke
67655	Kaiserslautern	Potpourrie
68259	Mannheim	Drogerie Wagenhals-Freyburger
69117	Heidelberg	Teemeister Tan
70806	Kornwestheim	Stern-Apotheke
71034	Böblingen	Apotheke Hulb
71634	Ludwigsburg	Spinnrad Partner Baccar
73430	Aalen	Aalener Teeladen
74072	Heilbronn	Heilbronner Teeladen
76863	Herxheim	Alte Apotheke von 1837
83022	Rosenheim	Spinnrad Partner Kempf
83278	Traunstein	Spinnrad Partner Kempf
88074	Meckenbeuren	Die Grüne Schiene
88326	Aulendorf	Inspiration
89520	Heidenheim	Silvi's Lädle
91757	Treuchtlingen	Rathaus-Apotheke
92237	Sulzbach-Rosenberg	St. Anna-Apotheke
97421	Schweinfurt	Spinnrad Partner Riedl
99084	Erfurt	Apollo-Apotheke
99084	Erfurt	Apollo Vital

Vollständige Adressen und neue Spinnrad-Partner unter www.spinnrad.de

Weitere Titel aus der Hobbythek-Reihe:

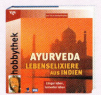

Jean Pütz/Monika Kirschner
LEBENSELIXIERE AUS INDIEN
Ayurveda
ISBN 3-8025-6221-6

Jean Pütz/Sabine Fricke/
Monika Pohl
BESSER SCHLAFEN
Sanfte Wege zu einer
erholsamen Nacht
ISBN 3-8025-6222-4

Jean Pütz/Dr. Heinz Gollhardt
DAS WISSEN DER HOBBYTHEK VON A–Z
ISBN 3-8025-6226-7

Jean Pütz/Prof. Jan I. Kelly
LEBENSELIXIER PILZE
ISBN 3-8025-6224-0

Jean Pütz/Ellen Norten
MUND, NASE & OHREN
ISBN 3-8025-6223-2

Jean Pütz/Monika Kirschner
LEBENSELIXIERE AUS DEUTSCHLAND
Wilde Pflanzen
ISBN 3-8025-6228-3

Jean Pütz/Sabine Fricke/
Ellen Norten
LIEBESLUST UND LIEBESLEID
Intimbereich ohne Tabus
ISBN 3-8025-6227-5

Jean Pütz/Sabine Fricke/
Horst Minge/Götz Meißner
GESUNDER RÜCKEN
ISBN 3-8025-6229-1

Jean Pütz/Ellen Norten
JOGHURT, QUARK UND KÄSE
Für ein starkes Immunsystem
ISBN 3-8025-6213-5

konkret, praktisch und aktuell

Spinnrad®

Frusip's und Lightsüß

Das starke Team der Hobbythek !

Frusip's und Lightsüß HT
eine gelungene Kombination für Gesundheit und Genuss

Fruchtige Erfrischungen für jeden Geschmack.
Beste Zutaten in hoher Konzentration machen Frusip's HT
zur beliebten Alternative.
Für alle, die es lieber süß mögen, gibt es Lightsüß HT.
Die leckere Süße, fast ohne Kalorien und ganz ohne lästigen Beigeschmack.

**- Frusip's und Lightsüß HT -
Erhältlich bei allen Spinnrad Partnern.**

www.spinnrad.de

FÜR UMWELT
UND SOZIALE
VERANTWORTUNG